Libera tu
CONFIANZA
y aumenta tu AUTOESTIMA

UNA GUÍA PARA LAS ADOLESCENTES:
Libera tu Superpoder Interno para conquistar
el miedo y la duda en ti misma

Libro 3 de 3 de la
Serie Palabras de Sabiduría para las Adolescentes

Jacqui Letran

DUNEDIN, FLORIDA

Primera edición agosto 2021 por Jacqui Letran.
Publicado por primera vez en inglés, en noviembre de 2017

Este libro está autorizado únicamente para su disfrute y educación personal. Nada en este libro debe ser interpretado como un consejo o diagnóstico personal y no debe ser utilizado de esta manera. La información de este libro no debe considerarse completa y no cubre todas las enfermedades, dolencias, condiciones físicas o su tratamiento. Debe consultar con su médico sobre la aplicabilidad de cualquier información proporcionada aquí y antes de comenzar cualquier programa de ejercicio, pérdida de peso o cuidado de la salud.

Todos los derechos reservados. Ninguna parte de esta publicación puede ser reproducida, distribuida o transmitida en cualquier forma o por cualquier medio, incluyendo fotocopias, grabaciones u otros métodos electrónicos o mecánicos, sin el permiso previo por escrito del editor, excepto en el caso de breves citas incorporadas en reseñas críticas y algunos otros usos no comerciales permitidos por la ley de derechos de autor.

Nombres: Letran, Jacqui.
Título: Libera tu confianza y aumenta tu autoestima. UNA GUÍA PARA LAS ADOLESCENTES: Libera tu Superpoder Interno para conquistar el miedo y la duda en ti mima / Jacqui Letran.
Descripción: 1ª edición. | Dunedin, Florida: A Healed Mind, [20201|Serie: Palabras de Sabiduría para las Adolescentes; libro 3 | Nivel de interés: 13 años en adelante.
Identificadores: ISBN 978-1-952719-05-9 (tapa blanda)
Temas: LCSH: Psicología del adolescente. | Adolescentes--Actitudes. | La felicidad en la adolescencia. | Las emociones en la adolescencia. | Técnicas de autoayuda para adolescentes.

Contenido

Introducción i
Todo está en tu mente 1
    Autorreflexión 16
El poder de las palabras 19
    Autorreflexión 28
El poder de tu cuerpo 33
    Autorreflexión 45
El poder de la imaginación 49
    Autorreflexión 61
El poder del valentía 63
    Autorreflexión 73
El poder del perdón 75
    Autorreflexión 87
El poder del amor 93
    Autorreflexión 105
El poder de la perseverancia 111
    Autorreflexión 121
EXTRA: Cinco sencillos pasos para liberar tus emociones no deseadas 125
Agradecimientos 129
Sobre el autor 130

Introducción

¿Sientes a menudo que otras personas son mejores que tú? ¿Te parece que son más despreocupados, más extrovertidos y más seguros de sí mismos? Hacen amigos con facilidad y parece que siempre les ocurren cosas buenas. Son divertidos, ingeniosos y llenos de encanto. Donde quiera que vayan, la gente se siente atraída por ellos. Hacen lo que quieren y dicen lo que piensan. Estos rasgos positivos y agradables parecen ser algo natural para ellos. Pero para ti, la vida está llena de ansiedad, miedo y dudas.

¿Cuál es su secreto? ¿Cómo pueden hablar con cualquier persona de cualquier cosa con facilidad, mientras que a ti te cuesta mucho estar en presencia de otros, y mucho más mantener una conversación?

Sueñas con ser diferente. Sueñas con sentirte cómoda en tu propia piel. Sueñas con crear relaciones significativas, ir a por lo que quieres con confianza y sentirte feliz y satisfecha con tu vida diaria. Pero el miedo y las dudas sobre ti misma pueden estar frenándote, haciendo que te sientas atrapada e impotente para cambiar tu situación. Te sientes triste, sola e insegura de ti misma y de tu vida.

¿Y si hubiera una forma de cambiar todo eso? ¿Y si pudieras destruir tu miedo y tus dudas y ser fuerte y segura de ti misma? ¿Cómo sería si pudieras enfrentarte a cualquier situación con entusiasmo, valor y confianza? Imagina cómo sería tu vida y lo que podrías conseguir.

Imagínalo…

Te contaré un pequeño secreto: Ese entusiasmo, valor y confianza que admiras en los demás son habilidades que puedes aprender.

Claro que hay algunas personas para las que estos rasgos son naturales; pero si no has nacido con ellos, puedes aprenderlos. El caso es que puedes aprender a cambiar tus pensamientos negativos, destruir tu miedo y tus dudas, e ir a por lo que quieras con confianza. Puedes aprender a sentirte cómoda en tu propia piel y estar completamente a gusto mientras te expresas.

Has nacido con unos poderes increíbles dentro de ti, poderes a los que me gusta referirme como Superpoderes Internos. Si los aprovechas, estos Superpoderes Internos te ayudarán a ser feliz, resistente y exitosa en la vida. El problema es que no has sido consciente de que existen, ni de cómo utilizarlos.

Puede que hayas visto un indicio de ellos aquí y allá, pero no has reconocido su poder ni has tenido fe en tus poderes. Si no sabes cuáles son tus Superpoderes Internos, ¿cómo puedes aprovecharlos de forma consistente y lograr los resultados que quieres y mereces?

En este libro, aprenderás:
- Los siete Superpoderes Internos que garantizan que vencerás tus miedos y dudas.
- Crear un fuerte sentido de autoestima y una confianza inquebrantable.
- Herramientas fáciles de usar para cambiar tus pensamientos negativos por pensamientos potenciadores.
- Cómo conectar y fortalecer tus Superpoderes Internos.
- Cómo aprovechar y liberar tus Superpoderes Internos siempre que lo desees.
- Cómo vivir con todo tu poder y ser feliz, confiada y exitosa en la vida, ¡y mucho más!

Tienes muchos Superpoderes Internos que te hacen maravillosa en todos los sentidos. En este libro, he elegido compartir siete ISP específicos porque estos siete son tu mejor apuesta para destruir el miedo y la duda sobre ti misma; y para crear una autoestima duradera y una confianza inquebrantable.

Hay mucho escrito sobre cada uno de estos Superpoderes Internos y cada uno de ellos puede ser un libro independiente. Sin embargo, sé que tu tiempo es valioso y que tienes otras responsabilidades y actividades que atender. Por lo tanto, verás que estos capítulos son breves y directos al punto.

Presentaré suficiente información para que entiendas tus Superpoderes Internos sin atascarte con demasiada información. Al leer este libro y completar las actividades dentro de cada sección, aprenderás a aprovechar estos Superpoderes Internos de manera constante, aprovecharlos y liberarlos cuando quieras. Podrás aprender a ir tras lo que quieres con confianza y crear esa vida feliz y exitosa con la que has estado soñando

> ***NOTA:*** *Para obtener el máximo beneficio de este libro, trabaja en cada Superpoder Interno en el orden presentado, ya que los conceptos de cada uno se construyen en el siguiente.*

CAPÍTULO 1

Todo está en tu mente

Tu mente está relacionada completamente con tus Superpoderes Internos. Es esencial que entiendas cómo funciona tu mente para que puedas realmente aprovecharla y cambiar tus pensamientos negativos por pensamientos positivos y poderosos.

En este libro, te daré una visión general del funcionamiento interno de tu mente. Si quieres profundizar en este tema, puedes releer el segundo libro de esta serie, titulado *"Lo haría, pero mi mente no me deja"*, donde se trata este tema en profundidad.

Tu mente consciente y subconsciente

Tu mente consciente es tu mente lógica. Es la parte de tu mente de la que eres consciente. Es la parte de tu mente que utilizas cuando te concentras en algo o aprendes cosas nuevas.

Por ejemplo: tu mente consciente te ayuda a aprender a practicar un deporte, como el tenis. Cuando estás en la fase de aprendizaje, te centras conscientemente en aprender las técnicas adecuadas, como por ejemplo, cómo sujetar la raqueta correctamente, cómo posicionar tu cuerpo para prepararte para recibir la pelota y la forma adecuada de mover tu cuerpo para crear un swing efectivo. Estos pensamientos y acciones son obra de tu mente consciente, algo que haces conscientemente y en lo que te concentras activamente.

Tu mente consciente también es responsable de ayudarte a tomar decisiones basadas en lo que tienes frente a ti y en lo que has aprendido de experiencias anteriores. Es la parte de tu mente que toma decisiones sencillas como: "Hoy quiero usar shorts porque hace calor".

También toma decisiones más complejas como: "¿Debería mentirle a mi madre para salir del problema, pero arriesgarme a que se entere y se enfade aún más conmigo?".

Tu mente consciente no funciona plenamente hasta alrededor de los siete años. Por eso, de pequeño creías en el Ratón Pérez, el Conejo de Pascua y Papá Noel (por no hablar de tu mejor amigo imaginario). Antes de los siete años, no tienes una mente lógica que funcione plenamente y que diga: "Eso no es cierto porque he aprendido tal y cual cosa y no coincide con lo que he aprendido".

A medida que te haces mayor y tu mente consciente se desarrolla más y más, empiezas a cuestionar si esas creencias son ciertas. Con el tiempo, dejas de creer en el Ratón Pérez, en el Conejo de Pascua y en Papá Noel porque tu mente consciente está completamente formada y puedes decidir lógicamente basándote en los hechos que has aprendido a lo largo de los años.

Tu mente subconsciente difiere mucho de tu mente consciente. La primera diferencia importante es que tú no eres consciente ni puedes controlar lo que ocurre en tu mente subconsciente. Todo lo que sucede en la parte subconsciente de tu mente ocurre sin que lo sepas y sin que lo controles. De hecho, todo lo que ocurre en tu mente subconsciente sucede automáticamente, como si fuera un programa que se ejecuta en piloto automático en el fondo.

Tu mente subconsciente funciona inmediatamente al nacer y uno de sus mayores trabajos es mantenerte viva y segura. Sin embargo, para la mente subconsciente, "segura" no significa "segura" de la forma en que probablemente lo defines hoy. En cambio, "segura" significa "No cambies. Quédate exactamente de la misma manera. El cambio da miedo. El cambio es peligroso. Si intentas cambiar, te harás daño".

Cuando haces algo nuevo o fuera de tu sistema de creencias, tu mente subconsciente se asusta. Cree que te estás poniendo en riesgo de fracasar, ser rechazada o sufrir. Por lo tanto, hará todo lo posible para que vuelvas a tu lugar "seguro", lo que significa volver a tus viejas costumbres y quedarte exactamente de la manera en la que estás ahora.

Para que vuelvas a tu lugar "seguro", tu mente subconsciente utiliza tácticas de miedo para evitar que tomes acciones y avances. Hará lo que sea necesario para que dejes de hacer esa nueva actividad y vuelvas a donde estabas. Esta es la razón por la que muchas personas dicen sentirse "atascadas" cuando se enfrentan a situaciones infelices o difíciles.

¿Cuántas veces has querido hacer algo, especialmente algo nuevo y que da un poco de miedo, e inmediatamente has empezado a sentirte ansiosa y llena de dudas sobre ti misma? Aunque realmente querías hacer eso, todo lo que podías pensar es en cómo podrías acabar fracasando, haciéndote daño o avergonzándote a ti misma. En lugar de seguir adelante y hacer lo que querías hacer, te detienes y te refugias en tu patrón conocido.

Esa es tu mente subconsciente trabajando. Tu mente subconsciente sabe cuándo tienes miedo o estás ansiosa, por lo que lo más probable es que dejes de estar pensando o intentando hacer eso que te causa miedo o ansiedad y vuelvas a tus viejas costumbres, las "seguras" y familiares. Cada vez que intentas algo y retrocedes, refuerzas tus creencias de "no puedo" o "así soy yo".

Tu mente subconsciente simplificada

Exploremos un poco más tu mente subconsciente; una vez que entiendas cómo funciona tu mente subconsciente, será mucho más fácil acceder a tus Superpoderes Internos.

Primero, quiero que pienses en tu mente subconsciente como una colección de películas dentro de una biblioteca de películas. En esta biblioteca de películas, hay cientos de miles de películas, ¡todas protagonizadas por TI! Imagina que hay un DVD para todo lo que has pensado, sentido o hecho. Son muchos DVDs, ¿verdad? En tu biblioteca de películas está tu asistente personal, que en realidad es tu mente subconsciente. Su trabajo consiste en seguir grabando tus películas, almacenarlas y reproducirlas en el momento adecuado para ti. Además, tu mente subconsciente tiene un trabajo mayor: mantenerte a salvo. Por desgracia, la mayoría de las veces eso significa crear ansiedad, miedo y dudas sobre ti misma para evitar que te adentres en el territorio percibido como inseguro.

Además, tu mente subconsciente está programada para darte cualquier experiencia que busques de la manera más fácil y rápida posible. Sí, ¡has leído bien! Tu mente subconsciente está programada para darte cualquier experiencia que busques, de la manera más fácil y rápida posible, siempre y cuando lo que quieras coincida con tu sistema de creencias. La forma en que has percibido todas tus experiencias hasta ahora, ha sido debido a las peticiones que has hecho a tu mente subconsciente.

Podrías pensar: "Pero yo no pedí todo el estrés o el dolor que estoy experimentando, ni todos esos juicios que he estado recibiendo".

Aunque no parezca que hayas pedido esas experiencias, lo hiciste. No sabías que las estabas pidiendo porque aún no entiendes del todo cómo funciona tu mente, ni el enorme potencial de tus

Superpoderes Internos. (Pista: ¡Son la clave para cambiar radicalmente la forma en que pides las experiencias futuras!)

Permíteme explicar cómo has estado pidiendo a tu mente tus experiencias hasta ahora. Cada pensamiento y sentimiento que tienes es una orden directa a tu mente subconsciente: "Esta es la experiencia que quiero tener. Dame esta experiencia".

Por lo tanto, cuando te estabas preparando para esa presentación en clase y te imaginaste que estarías nerviosa cuando sea tu turno, le diste a tu mente subconsciente estas órdenes: "Quiero estar nerviosa durante la presentación. Esta es la experiencia que quiero. Dame esta experiencia. Asegúrate de que esté nerviosa durante la presentación".

Siendo un asistente leal y fiel, tu mente subconsciente se pone a trabajar inmediatamente y escanea tu entorno, buscando cualquier cosa que pueda causarte nerviosismo. En el momento en que encuentra algo que podría hacerte sentir nerviosa, dirige toda tu atención a esa cosa.

Al mismo tiempo, tu mente subconsciente revisará tu biblioteca de películas, buscando las películas pasadas que podrían causarte nerviosismo en tu situación actual. Reproducirá esas películas para ti de forma automática en el fondo de tu mente. Además, creará una nueva película de lo que podría ocurrir en tu futuro, basándose en tus experiencias pasadas y en la experiencia actual que estás pidiendo.

Tu subconsciente no sólo repite todas las veces que te pusiste nerviosa al presentar delante de la clase; sino que también empieza a reproducir la nueva película que acaba de hacer de ti enredándote con tus palabras y fracasando estrepitosamente durante tu presentación de hoy. Cuando llega tu turno de presentar, te has puesto tan nerviosa que lo único en lo que puedes concentrarte es en el sudor de las palmas de tus manos, en el temblor de tu voz y en todas esas miradas críticas de tus compañeros.

La buena noticia es que una vez que entiendas a tu mente subconsciente y tus Superpoderes Internos, puedes enviar a propósito las órdenes correctas a tu mente subconsciente de una manera positiva y poderosa. De esta manera, tu mente subconsciente puede traerte una experiencia mucho mejor que la que has vivido en el pasado.

Hace un momento, mencioné que el trabajo de tu mente subconsciente es darte la experiencia que estás buscando siempre y cuando coincida con tu sistema de creencias actual. Tu sistema de creencias es el programa de tu mente subconsciente que funciona en piloto automático en el fondo. Cualquier cosa que creas que es cierta es lo que tu mente subconsciente buscará continuamente como evidencia.

Al igual que el concepto de que todos los pensamientos y sentimientos son órdenes directas a tu mente subconsciente ("Esta es la experiencia que quiero; dame esta experiencia"), tus sistemas de creencias también son órdenes directas. Sin embargo, los sistemas de creencias son más poderosos porque funcionan automáticamente en el fondo de tu mente todo el día. Ni siquiera tienes que pedir estas experiencias activamente a través de tus pensamientos y sentimientos.

Como humanos, tenemos la necesidad de tener la razón y nuestra mente subconsciente trabajará duro para asegurarse de que esta necesidad se cumpla. Para completar esta tarea, tu mente subconsciente generalizará, distorsionará o borrará detalles para que las únicas experiencias que tenga coincidan con su sistema de creencias.

Por ejemplo: si tienes la creencia de que eres olvidadizo, tu mente subconsciente ignorará cada caso en el que recuerdes detalles o lo distorsionará y lo llamará "pura suerte" o "una coincidencia" cuando te sorprendas recordando algo. Recuerdas mucho más de lo que olvidas, pero cuando te olvidas de algo, tu mente subconsciente lo traerá felizmente a tu conciencia.

Otro ejemplo de cómo tu mente subconsciente se asegurará de que tus experiencias coincidan con sus creencias es a través de la generalización. Digamos que un perro te mordió cuando eras joven, y esa experiencia te causó un dolor y miedo considerables. Para protegerte de otro episodio doloroso similar, tu mente podría crear la generalización de que "todos los perros son malos y te morderán". Esto hace que odies a los perros y que sientas miedo siempre que estés cerca de cualquier perro.

Por desgracia, los perros son muy buenos para percibir cuando alguien no los quieren o cuando alguien les tiene miedo. Para protegerse, los perros actuarán de forma agresiva cuando tú estés cerca porque perciben tu aversión y tu miedo. Esta generalización te permite tener razón e incluso influye en el mundo que te rodea (un perro en este caso) para proporcionarle la experiencia de que "todos los perros son malos"; cuando en realidad, la mayoría de los perros son bastante dulces.

Cómo controlar tu mente subconsciente

Hace un momento, aprendiste que cada pensamiento que tienes y cada sentimiento que sientes es una orden a tu mente subconsciente para que te dé más de la misma experiencia.

Aquí hay tres detalles más importantes para que puedas ordenar a tu mente de manera efectiva.

Las órdenes negativas confunden tu mente

Tu mente subconsciente no sabe cómo procesar las órdenes negativas. Las órdenes negativas son órdenes como "no quiero" o "ya no soy" o "no estoy". Básicamente, son cualquier orden que se centra en lo que no eres, o en lo que no quieres. Esto se debe a que para que tu mente subconsciente entienda completamente tu orden, tiene que crear una imagen o "ver" claramente la experiencia que estás buscando.

Digamos que quieres que tu hermano te traiga tu suéter azul y le dices: "¿Puedes ir a mi habitación y traerme mi suéter? No quiero el naranja". ¿Qué posibilidades hay de que tu hermano sepa que quieres que te traiga el suéter azul? Son mínimas, a no ser que sólo tengas dos suéteres: uno naranja y otro azul.

Incluso en ese caso, ¿no sería mejor decirle: "Tráeme el suéter azul", para que sepa qué color debe buscar y pueda encontrarlo rápidamente para ti?

Tu subconsciente funciona de la misma manera. Cuando le das la orden "No quiero estar triste", al principio puede parecer una buena orden porque no quieres estar triste. Pero esa orden no ayuda a tu mente a entender tu verdadera petición. Todo lo que sabe es que no quieres la experiencia de estar triste; pero no entiende qué experiencia quieres en su lugar. Tu mente subconsciente no sabe si quieres sentirte enfadada, abrumada, desmotivada, asqueada o muchos otros sentimientos.

Para ayudar a tu mente subconsciente a entender tu orden, crea una imagen para cada una de las palabras de la orden que puedan tener una imagen asociada, que son "yo" y "triste" en este ejemplo. La imagen mental de esta orden es, por lo tanto, una imagen tuya estando triste. Entonces, la orden se convierte en: "Quiero estar triste".

Es muy importante centrarse en lo que quieres y no en lo que no quieres. Si dieras la orden, "Quiero ser feliz" o "Quiero estar relajada", tu mente subconsciente lo entendería y podría darte eso fácilmente.

Órdenes débiles contra fuertes

Tus órdenes pueden ser vistas como órdenes fuertes o débiles. Las órdenes fuertes captan la atención de tu mente subconsciente inmediatamente, y dirigen tu mente subconsciente de forma efectiva.

Una forma de pensar sobre esto es saber que tú eres la jefa de tu mente. Como jefa, puedes ser firme o débil con tus órdenes. Para dirigir tu mente subconsciente de manera efectiva y obtener los resultados deseados, elige órdenes fuertes y poderosas. Órdenes como "Yo elijo", "Estoy preparada", "Estoy decidida" o "Estoy comprometida" son órdenes muy fuertes.

Piénsalo. Cuando dices: "Estoy decidida a ser una estudiante sobresaliente", ¿cómo se ve esa imagen en tu mente? ¿Cómo te hace sentir?

Ahora, intenta conseguir el mismo resultado, pero con una orden más débil. "Espero ser una estudiante sobresaliente". ¿Cómo es esta imagen diferente en tu mente? ¿Cómo te hace sentir esta orden?

En la imagen "decidida", tú estás a cargo de tu resultado. Lo más probable es que te veas a ti misma yendo con confianza a por lo que quieres conseguir. Puede que te veas a ti misma dedicándole energía y esfuerzo en el estudio. Puede que te veas superando barreras para alcanzar el éxito.

En la imagen de la "esperanza", puede que te veas insegura mientras intentas trabajar para conseguir tu objetivo. La energía y el esfuerzo que pones en esas actividades no son tan fuertes ni tan persistentes como en tu imagen "decidida". Claro que puedes hacer algo de trabajo; pero dejarás más al azar.

Las órdenes débiles que debes evitar son órdenes como "deseo", "quiero" o "espero". Cuando deseas, quieres o esperas un resultado, tu actitud sobre cómo proceder no es tan sólida ni tan poderosa como cuando estás preparada, decidida o comprometida con tu objetivo.

Las órdenes comparativas vagas no ayudan

Tu mente subconsciente es muy literal, lo que puede hacer que crea que te ha dado con éxito las experiencias que has pedido, cuando de hecho, no lo ha hecho. Cuando le das a tu mente subconsciente una orden comparativa vaga que suena como "me gustaría tener más dinero", la parte de "más dinero" de esa frase es una comparación de una cosa con otra. Sin embargo, no identifica realmente con qué se está comparando.

¿Qué significa exactamente "más dinero"? ¿Más dinero del que has tenido en tu vida? ¿Más dinero que quién? Si tienes un centavo más que hace un minuto, tienes, de hecho, más dinero, pero dudo que ésa fuera tu intención cuando hiciste la petición.

Si dijiste: "Estoy decidido a tener 100 dólares más de los que tengo ahora", tu mente subconsciente sabe exactamente lo que quieres, ¿no es así?

Supongamos que le das a tu mente subconsciente la orden: "Quiero ser más feliz". De nuevo, ¿más feliz que cuándo? ¿Más feliz que quién? Para tu mente subconsciente, si eres más feliz ahora que la semana pasada (cuando estabas abrumadoramente deprimida), entonces creerá que ya ha entregado con éxito la experiencia que le estás pidiendo y no tiene que hacer nada más que seguir dándote la misma experiencia.

Las órdenes fuertes, poderosas y claras como "Me comprometo a ser feliz" o "Estoy preparada para ser feliz" son grandes alternativas. Cuando utilices estas órdenes, tu mente subconsciente se ocupará de buscar razones para que seas feliz en ese momento y pruebas de que estás comprometida con tu felicidad.

Recuerda, para dar a tu mente subconsciente las órdenes más poderosas:
1. Concéntrate en tu resultado deseado y se específica.
2. Deja de centrarte en las cosas que no quieres o en la condición de la que quieres alejarte.
3. Utiliza palabras de mando fuertes como "elegir", "dispuesta a", "comprometida a" y "decidida a".
4. Evita las órdenes comparativas vagas como "más" o "mejor que". Si das una orden comparativa, es mejor dar una comparación específica.

Deja de ver esas películas horribles

Piensa en un tipo de película que odies absolutamente ver porque es incómoda o te estresa. En mi caso, son las películas sangrientas y violentas. Por el bien de este ejemplo, pretendamos que tú también odias ver películas sangrientas y violentas.

Ahora, imagina que acabas de tener un día muy estresante y quieres relajarte y ver algo en la televisión para olvidarte del estrés. Te sientas en el sofá y enciendes la televisión. Frente tuyo está la película más sangrienta y violenta que hayas visto nunca y el sonido de la gente gritando de dolor suena con fuerza.

¿Qué harías en ese caso?

Lo más probable es que apagaras el televisor, cambiaras de canal o te dedicaras a hacer otra cosa. ¿Alguna vez te sentarías frente a la pantalla del televisor y pensarías: "Por favor, que termine esta película; no soporto esta película; me siento tan impotente de que esta película se esté reproduciendo frente a mí, no hay nada que pueda hacer para detener esta película. Sólo soy una víctima"?

¡Por supuesto que no tendrías esos pensamientos en esa situación! Sería una tontería porque tienes el poder de irte, apagar la televisión o cambiar de canal. En ese momento, tomarías el control y serías la jefa de esa situación, ¿no es así?

¿Y si te dijera que, de hecho, te sientas frente a películas desagradables y actúas como una víctima impotente con bastante frecuencia? ¿Te sorprendería saber que lo haces? Pues bien, mi querida lectora, de hecho lo haces muy a menudo.

¿Con qué frecuencia repites en tu mente una escena de un fracaso real o percibido? ¿Y qué me dices de recordar cada detalle de una discusión, o de cómo alguien te maltrató alguna vez? ¿Cuántas veces has reproducido la película en la que pasaste vergüenza delante de tus amigos o compañeros de clase? Cuando piensas en esos acontecimientos, ¿cómo te sentiste? ¿Te sentiste poderosa y segura de ti misma, o te encontraste llena de ansiedad, miedo o dudas?

¿Recuerdas que antes dije que tu subconsciente es una habitación llena de películas sobre ti? Cada vez que repites una discusión o te castigas por algo que ocurrió en el pasado, lo único que estás haciendo es reproducir esa película horrible, repetidamente, y verla como si no pudieras cambiar de canal. Pones algunas películas tantas veces que se han colado en tu "lista de favoritos" automática. Ya no tienes que ver esas películas ni escuchar su grabación. Puedes apagarlas. Al igual que la televisión, tienes diferentes canales en tu mente. Si tienes una experiencia que no te gusta, estate dispuesta a cambiar la emisora a otra cosa o a apagar la televisión por completo. Te mostraré cómo hacer esto cuando te enseñe sobre tus Superpoderes Internos.

Espero que a estas alturas estés teniendo muchos momentos de "¡Ajá!" y que las cosas tengan sentido para ti. Vamos a sumergirnos en esos Superpoderes Internos ahora, para que puedas empezar a tomar las riendas de ti misma y de tu vida.

Autorreflexión

***Nota**: Aunque estos ejercicios han sido creados para ayudarte a aprender a utilizar tus Superpoderes Internos, no sustituyen a la ayuda profesional. Asegúrate de hablar con tus padres o con un adulto de confianza para obtener la ayuda y el apoyo que necesitas.*

Tómate cinco minutos para pensar en cómo sería tu vida una vez que entiendas tus Superpoderes Internos y puedas aprovecharlos constantemente para conquistar tu miedo y tus dudas. ¿Cómo sería eso? ¿Qué harías después? ¿Cómo cambiaría tu vida?

Usa tu imaginación y diviértete con esta autorreflexión. Escribe todas las cosas maravillosas que puedes hacer ahora porque eres fuerte, segura y valiente. Recuerda que debes soñar a lo grande.

_____
_____
_____
_____
_____
_____
_____

CAPÍTULO 2

El poder de las palabras

Las palabras son uno de nuestros mayores y más frecuentes Superpoderes Internos. Las palabras pueden crear inseguridades significativas, destruir relaciones y destrozar familias. Las palabras también pueden tener un efecto igualmente positivo. Pueden dar esperanza a una persona desesperada, curar un corazón roto y dar a alguien el poder y el valor para perseguir sus sueños.

Quizá pienses: "Un momento, ¿las palabras no son externas? ¿Cómo pueden ser un Superpoder Interno?".

Buena pregunta. Las palabras son un Superpoder Interno porque tus palabras provienen de tu interior. Incluyen las palabras que dices en voz alta, pero sobre todo, también las palabras que te dices a ti mismo cuando piensas y analizas las situaciones.

Por qué las palabras son un Superpoder

¿Alguna vez has hecho algo de lo que te sentías muy orgullosa y te hacía mucha ilusión compartir ese logro con tus amigos y familiares? Sin embargo, en el momento en que compartiste tu logro con alguien, te sentiste inmediatamente decepcionada, avergonzada o incluso triste.

Quizás las palabras con las que respondieron te hicieron sentir criticada. Tal vez las palabras que utilizaron te hicieron sentir que no eres lo suficientemente buena. Puede que empieces a dudar de ti misma o incluso a insultarte. Puede que te preguntes si eres patética o incluso una estúpida por estar tan orgullosa de algo que a nadie más parece importarle.

No estás sola en este patrón de pensamiento y sentimiento. Todos hemos tenido pensamientos negativos similares en el fondo de nuestra mente en diferentes momentos que nos han hecho sentir triste, asustado, incómodo o lleno de dudas. ¿Qué tan destructiva es esa forma de pensar?

Hace un momento, te sentías muy bien. Pero como alguien te dijo palabras duras o que no te apoyaban, tu nivel de felicidad cayó en picada. No sólo ha caído en picada tu nivel de felicidad, sino que quizás tu autoestima y la confianza en ti misma se han desplomado con la misma rapidez. A menudo, empezarás a utilizar palabras negativas hacia ti misma después de este tipo de acontecimientos. Tal vez pienses: "Soy una perdedora. A nadie le importo yo ni lo que hago".

Esas conversaciones silenciosas que tienes contigo misma son excepcionalmente poderosas porque puede que ni siquiera te des cuenta de que están ocurriendo. Aun así, tu mente subconsciente está prestando atención y está buscando pruebas para cumplir tu petición de experimentar ser una perdedora que no le importa a nadie.

Todo esto trabaja en conjunto para crear emociones negativas significativas que resultan en que dudes de ti misma, de tus habilidades, y tal vez incluso de tu autoestima. Ese es el poder de las palabras. Pueden llevarte desde la emoción y la felicidad total, a la tristeza, el miedo y la duda sobre ti misma en un instante.

La buena noticia es que las palabras también pueden tener un efecto muy positivo. Imagínate que en algún momento te sentiste deprimida, frustrada, aislada y sola. Ahora imagina que alguien te tiende la mano y te dice las palabras adecuadas, palabras que querías o necesitabas oír desesperadamente en ese momento.

Tal vez te sentías muy dolida e insegura y un amigo se acercó a ti y te dijo: "Vas a estar bien. Estoy aquí para ti". Pasaste de sentirte triste, sola o frustrada a sentirte mucho mejor casi inmediatamente. Tal vez incluso te sientas segura, apoyada, amada o feliz. Gracias a estas palabras amables y de apoyo, tu estado de ánimo cambió; ¡y cambió a la velocidad del pensamiento!

Empiezas a ver posibilidades donde antes sólo había limitaciones. En lugar de retroceder, buscas formas de superar este bloqueo. Te sientes motivada. Ves soluciones con facilidad y te sientes segura de tu capacidad para resolver tus problemas, o tal vez ves una salida. Éste es el poder positivo de las palabras.

Filtros de palabras

Tus palabras tienen un poder inmenso. Las palabras que utilizas para expresar tus pensamientos o sentimientos, ya sea en voz alta o en silencio para ti misma, son las mismas que crean tu realidad y tus experiencias vitales. En este sentido, es muy similar a la edición de una foto con una aplicación de filtros.

Imagina que tomas una foto vibrante y colorida y le pones un filtro en blanco y negro. ¿Qué pasaría? ¿Seguiría siendo una foto vibrante y colorida, o se convertiría en una foto en blanco y negro? Si estás editando una foto con un filtro determinado y no te gusta el resultado, ¿vas a decir: "Oh, bueno… no hay nada que pueda hacer al respecto"? ¿O probarías otro filtro? Lo más probable es que pruebes otro filtro, o que, al menos vuelvas a la imagen original.

Nuestras experiencias vitales son muy similares a eso. Imagina que tus palabras son los filtros, o " Filtros de palabras", y tus experiencias vitales son las fotos. Cualquier filtro de palabras que elijas poner a tus experiencias de vida se convertirá en el resultado que veas en tus "fotos"; que es tu realidad. Cuando tengas una experiencia que no te guste, deberías estar dispuesta a jugar con diferentes filtros de palabras y crear las fotos que quieres en ese momento.

Por ejemplo, digamos que te presentaste a una prueba para un papel principal en la obra de teatro de tu escuela y no te eligieron. Los filtros de palabras que aparecen de forma natural pueden sonar como: "No merezco ese papel porque soy una actriz terrible. Todos los demás son mucho mejores que yo. ¿A quién quiero engañar? No soy buena en esto. ¿Para qué me molesto?" Cuando utilizas estos filtros de palabras para ver tu experiencia, ¿cómo te sientes? ¿Te sientes positiva y animada, o te sientes triste y desanimada?

En lugar de permitir que tus viejos filtros de palabras controlen tu estado de ánimo; ¿qué pasaría si decidieras utilizar tu Superpoder Interno de las palabras para expresarte? ¿Y si eliges pensar o decir: "Esa actriz consiguió el papel porque tiene tres años más de experiencia que yo? Soy una principiante y me comprometo a aprender y practicar para poder dar lo mejor de mí", o "No soy la persona adecuada para este papel y el papel adecuado para mí ya llegará". Cuando utilizas estos filtros de palabras, ¿cómo te sientes? ¿Te sientes triste y desanimada, o te sientes motivada para mejorar e inspirada para buscar nuevas oportunidades?

La realidad de la situación es que no has conseguido el papel principal. Sin embargo, la forma en que decidas ver ese acontecimiento te hará mejor y te preparará para la siguiente oportunidad o te arrastrará y desanimará tus ambiciones. La elección es tuya.

Tus palabras son así de poderosas. Y si eres descuidada con tus palabras, puedes crear dolor y miseria no deseados (¡e innecesarios!) para ti y para los que te rodean. Ten cuidado con las palabras que utilizas para crear las experiencias que quieres para ti y para los que te importan. Elige palabras que te apoyen, te animen y te inspiren cuando te dirijas a ti misma y a los demás. Puedes crear tus experiencias seleccionando las palabras que te dan poder.

El poder del "YO SOY"

En el idioma español, las dos palabras más poderosas, cuando se usan juntas, son las palabras "YO SOY". Lo que pongas detrás de "YO SOY" se convierte en tu realidad. Las palabras que siguen inmediatamente a "YO SOY" son tu declaración a tu mente subconsciente y al Universo: "Esta es quien soy. Asegúrate de que tenga esta experiencia".

Digamos que vas a una fiesta y te sientes un poco nerviosa. Te preocupa pasarlo mal porque crees que no le agradas a la gente o que eres torpe y no vas a encajar. Imagina que entras en la fiesta con estos pensamientos: "Me voy a sentir muy incómoda. Estoy muy nerviosa. Voy a sentirme y actuar de forma tan incómoda".

Estas son tus declaraciones y órdenes a tu mente subconsciente para que te asegures de tener estas experiencias. Tu mente subconsciente escuchará esos pensamientos como órdenes: "Quiero pasarlo mal. Asegúrate de que me sienta como si no encajara. Asegúrate de que me sienta incómoda, nerviosa y rara".

Siendo ese asistente dedicado, tu mente subconsciente se pondrá a trabajar y ajustará tu entorno para que, mires donde mires, puedas experimentar la fiesta a través de los filtros de palabras de tus órdenes de "YO SOY" negativas.

Mientras te sientas en un rincón, mirando nerviosamente a tu alrededor, por casualidad miras a alguien que tiene una expresión desagradable en su rostro; tal vez la veas como una expresión de asco.

Inmediatamente, empiezas a pensar: "¡Lo sabía! No debería estar aquí. Todo el mundo piensa que soy un bicho raro. ¿En qué estaba pensando? Soy tan estúpida como para pensar que podría encajar o divertirme". Mira lo que ha ocurrido: ¡una nueva avalancha de órdenes negativas que reforzarán tu experiencia y tus creencias!

¿Qué tan dañinas son tus palabras para tu confianza y autoestima? Porque levantaste la vista y viste a alguien con una expresión desagradable en la cara y los filtros de palabras que estabas utilizando eran negativos, has llegado instantáneamente a una conclusión destructiva que te ha hecho sentir peor sobre ti misma y tu situación.

En realidad, tal vez esa chica estaba pensando: "Me arreglé para Tommy y él ni siquiera me mira. No cree que soy atractiva". O tal vez esté pensando: "Me olvidé de apagar el rizador de pelo en casa. ¡Voy a quemar la casa! Siempre hago cosas estúpidas como ésta", y la mirada de asco que pone refleja su miedo y sus propios auto-juicios, que no tienen nada que ver contigo.

Estos dos ejemplos muestran cómo todos estamos "en nuestra propia mente", pensando en nuestros problemas. Las experiencias que tenemos son de nuestra propia creación, basadas en las palabras que elegimos cuando hablamos con nosotros mismos. Todos somos culpables de crear estas historias negativas en nuestra mente. Nos hacemos sentir temerosos, tristes o ansiosos sin otra razón que la de no sentirnos bien con nosotros mismos en esos momentos y no somos plenamente conscientes del poder de nuestras palabras.

Cómo conquistar el miedo y la duda usando el poder de las palabras

Si te sientes nerviosa en cualquier evento o situación, puedes tomar el control dando rienda suelta a tu Superpoder Interno de las Palabras y seleccionar un conjunto diferente de Filtros de Palabras. Tal vez puedas elegir un par de estos Filtros de Palabras diferentes

- "ESTOY BIEN. Todo estará bien".
- "ESTOY dispuesta a divertirme".
- "ESTOY tranquila".
- "ESTOY emocionada por probar algo nuevo".
- "SOY valiente".
- "ESTOY emocionada por conocer gente nueva".
- "ESTOY lista para divertirme".

Cuando elige filtros de palabras positivas como estos, le das a tu mente subconsciente un conjunto de órdenes totalmente diferente. Le estás diciendo a tu mente subconsciente que utilice las lentes que te permiten tener experiencias positivas. Puede que incluso te encuentres divirtiéndote y conectando con la gente como nunca antes porque has elegido activamente usar tu Superpoder Interno de las Palabras para crear experiencias significativas para ti.

Ahora que conoces el Superpoder Interno de las Palabras, te animo a que realices los siguientes ejercicios para ayudarte a dominar este poder. Con la práctica, podrás conquistar fácil y eficazmente tu miedo y tus dudas.

Autorreflexión

Dedica unos minutos a responder a estas preguntas y a proponer ejemplos para lo siguiente:

1. En una escala del 0 al 10 (siendo el 10 el más alto), ¿en qué medida era consciente de cómo mis palabras me afectaban a mí y a los demás antes de leer este capítulo? ¿Qué tan consciente soy ahora?

_____
_____

2. Escribir dos ejemplos de cómo las palabras que he estado utilizando me han causado dolor:

_____
_____
_____
_____
_____
_____
_____
_____
_____
_____

3. Escribir dos ejemplos de cómo las palabras que he estado utilizado han causado dolor a otra persona:

_____
_____
_____
_____
_____
_____
_____
_____
_____
_____

4. Escribir dos ejemplos de cómo las palabras que he utilizado me han apoyado, inspirado o motivado:

_____
_____
_____
_____
_____
_____
_____
_____
_____
_____
_____

5. Escribir dos ejemplos de cómo las palabras que he utilizado han apoyado, inspirado o motivado a otros:

_____
_____
_____
_____
_____
_____
_____
_____
_____
_____

6. Cuando hago algo mal, o cuando algo no sale como estaba planeado, las palabras que suelo utilizar al hablar conmigo misma son:

_____
_____
_____
_____
_____
_____
_____
_____
_____
_____

7. Ahora que comprendo el poder de mis palabras, estoy preparada para elegirlas sabiamente. Aquí hay algunas palabras de poder o filtros de palabras que puedo elegir en su lugar:

Ejemplo:
- "Soy una principiante en ____ y eso está bien".
- "Bueno, eso no ha funcionado. En su lugar, probemos con _____".
- "Sé que puedo hacerlo mejor con la práctica".
- "Estoy dispuesta a dedicar tiempo a conseguir mis objetivos".

Es tu turno: Crea tres o cuatro filtros de palabras que puedas utilizar en el futuro.

_____
_____
_____
_____
_____
_____
_____
_____
_____
_____
_____
_____
_____
_____
_____
_____

CAPÍTULO 3

El poder de tu cuerpo

Tu cuerpo es uno de tus más poderosos Superpoderes Internos. Tu cuerpo es la forma en que te representas a ti misma (cómo te "muestras" o "apareces") ante el resto del mundo.

La posición de tu cuerpo, tu expresión facial y la forma en que mueves tu cuerpo dicen mucho sobre quién eres. Incluso antes de que la gente tenga la oportunidad de conocerte, ya habrá hecho muchas suposiciones sobre ti basándose en tu aspecto físico y en cómo te comportas.

Cuando comprendes el Superpoder Interno de tu Cuerpo, puedes mostrarte como una persona cálida y segura de sí misma a la que la gente está deseando conocer.

Cuando hablo del Superpoder Interno de tu Cuerpo, no me refiero a cómo vas vestida o a la talla de tu ropa, aunque pueden ayudarte a sentirte bien contigo misma. Tu verdadero poder está en cómo controlas tu cuerpo.

La forma en que mueves tu cuerpo tiene el poder de influir en tu estado de ánimo de forma drástica. Por lo tanto, tiene un impacto significativo en tus experiencias. En el pasado, se solía creer que nuestra mente era la única responsable de controlar nuestro cuerpo y, por lo tanto, nuestras acciones. En los últimos años, la Cognición Encarnada, un campo más reciente de la ciencia cognitiva (el estudio de la mente), surgió para demostrar que "la mente no sólo está conectada al cuerpo, sino que el cuerpo influye en la mente". Esto significa que nuestras mentes influyen en nuestros cuerpos y nuestros cuerpos en nuestras mentes.

Los descubrimientos de la investigación de la Cognición Encarnada son muy emocionantes porque nos ayudan a entender el papel tan importante que desempeña nuestro cuerpo para influir en nuestros estados de ánimo, acciones y experiencias. Cuando entiendas lo sencillos que son estos conceptos, podrás aprovechar el Superpoder Interno de tu cuerpo para destruir rápida e instantáneamente tu miedo y tus dudas, al mismo tiempo que aumentas tu nivel de confianza.

En términos sencillos, tu mente, o los pensamientos y sentimientos que tienes, influyen en cómo reacciona tu cuerpo. Del mismo modo, las acciones y posiciones de tu cuerpo influyen en cómo te sientes, lo que, a su vez, afecta a tus pensamientos, acciones y experiencias.

Por qué tu cuerpo es un superpoder

Para comprender plenamente el poder de tu cuerpo, vamos a hablar de dos conceptos muy importantes, los Programas de la Mente y los Programas del Cuerpo.

Los programas de la mente

¿Has notado alguna vez que cuando sientes una emoción intensa, como la tristeza, todo lo que te rodea, incluso las pequeñas cosas que normalmente no notarías, puede hacer que te sientas aún peor?

Esto se debe a que siempre que tengas una determinada emoción, tu mente subconsciente ejecutará automáticamente el correspondiente "programa de la mente" para esa emoción. Un programa de la mente se puede considerar como un programa de ordenador, que es un conjunto de procedimientos o comandos que tu mente debe llevar a cabo. El propósito de estos programas mentales emocionales es darte -y mejorar- la experiencia que has pedido.

En un capítulo anterior, aprendiste que tus pensamientos y sentimientos son órdenes directas a tu mente subconsciente: "Esta es la experiencia que quiero. Dame esta experiencia". Cuando te sientes triste, le estás dando a tu mente subconsciente la orden de: "Quiero sentirme triste. Dame esta experiencia". Tu mente subconsciente ejecutará inmediatamente el programa de tu mente para la tristeza.

Con el Programa de la Mente para la Tristeza en marcha, tu mente subconsciente buscará en su biblioteca de películas y encontrará películas de tu pasado que te causaron tristeza y comenzará a reproducir esas películas en un bucle repetitivo. Esto trae esos eventos pasados de vuelta a tu conciencia, causando que vuelvas a experimentar el dolor de esos eventos de nuevo.

Te quedas atrapada en tu cabeza, pensando en todos estos diferentes eventos dolorosos y tu tristeza persiste.

Tal vez estés pensando en un determinado error que has cometido repetidamente. Tal vez estés pensando en todas las veces que la gente te ha rechazado y te ha causado dolor. O quizás estés pensando en todas las veces que te has defraudado a ti misma o a otra persona.

Al mismo tiempo que tus viejas películas se reproducen de fondo, tu mente subconsciente escudriñará tu entorno, buscando pruebas de por qué deberías estar triste. Cualquier cosa que tenga el potencial de hacerte sentir triste será recogida por tu subconsciente y señalada. Te vuelves hiper-consciente de las cosas que te entristecen, mientras que las cosas que podrían hacerte feliz se ignoran por completo.

Cada vez que reproduces el programa de tu mente para la tristeza y experimentas tristeza, tus creencias sobre la tristeza y sobre quién eres en relación con la tristeza se fortalecen. Te sientes atrapada dentro de este bucle, lo que puede hacerte sentir como si fueras impotente ante estos pensamientos repetitivos. Estos pensamientos negativos y recurrentes pueden incluso conducirte por un camino de mayor tristeza y crear sentimientos de ansiedad, desesperanza o incluso depresión.

Por si fuera poco, tu mente subconsciente dará un paso más, para enfatizar la experiencia que has solicitado. Utilizando las pruebas que ha recogido de tus películas anteriores, tu mente subconsciente creará una nueva película para ti. Sólo que esta vez, está ambientada en el futuro. En esta película, sigues atrapada en los patrones repetitivos que causaron tu tristeza: sigues decepcionándote a ti misma y a los demás, y la gente sigue rechazándote y haciéndote daño. Este pequeño regalo de tu mente subconsciente ayuda a mantenerte en la experiencia que habías pedido.

Este es un camino muy común para el programa de la mente para la mayoría de las emociones. Cuando tú estás en un estado emocional particular, tu mente subconsciente hará todo lo posible para continuar o aumentar ese sentimiento para ti: Reproducir tus películas pasadas, buscará pruebas externas y proyectará eventos similares en tu futuro. El resultado neto es que continuarás experimentando más de esos mismos sentimientos.

Recuerda que tú pediste la experiencia, y tu subconsciente sólo está haciendo su trabajo y siendo un buen asistente para ti.

Los programas del cuerpo

Tu cuerpo también tiene sus propios programas para tus distintas emociones. Para simplificar, los llamaré "programa del cuerpo fuerte" y "programa del cuerpo débil".

Normalmente, cuando te sientes ansiosa, inferior, asustada o con otra emoción negativa similar, tu cuerpo ejecutará el "programa del cuerpo débil". Cuando el programa del cuerpo débil está en marcha, tú y tu cuerpo tienden a cerrarse. Tus hombros pueden empezar a sentirse pesados o tensos y puede que tu mirada se dirija hacia abajo. Puede que empieces a encorvarte, a cruzar los brazos o las piernas, o incluso a ponerte en posición fetal. Cuando te sientes mal contigo misma o con tu situación, tu cuerpo se encoge, como si quisiera esconderse o protegerse de cualquier peligro real o percibido.

Lo contrario ocurre cuando te sientes segura de ti misma, feliz o poderosa y ejecutas el "programa del cuerpo fuerte". Cuando te sientes bien contigo misma, tu cuerpo se abre de forma natural y tu mirada se enfoca hacia delante o hacia arriba.

Un estudio[1] en el que se comparan atletas olímpicos ciegos (algunos de ellos nacieron de esa manera) con atletas que pueden ver con normalidad, muestra la gran similitud entre los movimientos del cuerpo de los atletas en respuesta a la victoria o a la pérdida de un evento. "Los ganadores inclinaban la cabeza hacia arriba, sonreían, levantaban los brazos, apretaban los puños e hinchaban el pecho, mientras que los hombros caídos y el pecho hundido eran las señales de identidad de los perdedores".

¿No es interesante? Incluso los atletas ciegos de nacimiento y que nunca han presenciado el movimiento corporal de otra persona mostrarían los mismos movimientos corporales en respuesta a la victoria o a la derrota. Esto se debe a que nacemos con estos programas corporales automáticos para nuestros sentimientos y son casi idénticos de persona a persona.

Piensa en una ocasión en la que hayas aprobado un examen difícil, hayas conseguido el punto ganador para tu equipo o hayas sido elegida para participar en algo que te hacía mucha ilusión. ¿Cómo reaccionaste físicamente? Tal vez chocaste los cinco con tus amigos.

---

[1] Yong, Ed. Blind Olympic athletes show the universal nature of pride and shame. http://phenomena.nationalgeographic.com/2008/08/13/blind-olympic-athletes-show-the-universal-nature-of-pride-and-shame/

Tal vez saltaste o bailaste. O tal vez hinchaste el pecho y levantaste las manos en posición de victoria. Cada una de esas acciones demuestra el programa de tu cuerpo para la positividad y el éxito. Cuando te sientes bien contigo misma, tu cuerpo se abre de forma natural y ocupa más espacio como si dijera: "¡Mírame!".

Del mismo modo, piensa en una ocasión en la que hayas hecho algo de lo que te sientas realmente avergonzada o apenada. ¿Cómo reaccionó tu cuerpo? ¿Hiciste contacto visual directo con los que te rodeaban? ¿Te quedaste de pie con las manos en la cadera y mostraste con orgullo tu vergüenza o lástima, o te escabulliste con la esperanza de pasar desapercibida?

El programa de la mente y del cuerpo en acción

Volvamos al programa de la mente para la tristeza para mostrar cómo los programas de la mente y del cuerpo trabajan juntos. Una vez que has activado el programa de la mente para una emoción, éste funciona en piloto automático. Tu cuerpo reacciona en consecuencia activando el programa corporal correspondiente.

Digamos que te has peleado con un amigo y ahora te sientes triste. El programa de tu mente triste entra en acción. Empiezas a pensar en todas las otras veces que este amigo te ha causado dolor. Tus pensamientos pueden cambiar a otras personas que te han hecho daño y a otros acontecimientos tristes de tu pasado. Incluso puedes pensar en que ese amigo te volverá a hacer daño en el futuro.

Al mismo tiempo, tu cuerpo responde naturalmente cerrándose. Tu energía se cierra, cruzas los brazos sobre el pecho, te haces un ovillo o te vuelves apático. Puede que incluso te sientas mental, emocional y físicamente agotada. No quieres hacer nada ni hablar con nadie. Sólo quieres quedarte ahí; acurrucada en tu miseria.

Todo esto sucede simultáneamente porque tu mente y tu cuerpo están trabajando juntos, ejecutando sus programas individuales, para traerte la experiencia que has pedido, que en este ejemplo, es la tristeza. De repente, has pasado de sentirte un poco triste a sentirte muy triste. Si no haces nada al respecto y permites que estos programas se ejecuten, seguirás estando triste.

¡Aquí es donde se pone realmente emocionante! Tu mente y tu cuerpo tienen que ejecutar el mismo programa para que continúes en tu experiencia emocional actual. Esto es realmente importante, así que déjame decirlo de nuevo.

Tu mente y tu cuerpo tienen que ejecutar el mismo programa para que tu mente siga su camino y se aferre a tu estado emocional actual.

Cuando tu mente y tu cuerpo no están ejecutando el mismo programa, tu mente se confunde. Cuando tu mente se confunde, deja de ejecutar el programa emocional actual y tus sentimientos cambian. De este modo, tu cuerpo es muy poderoso en su capacidad de influir en tus sentimientos.

Cómo conquistar el miedo y las dudas utilizando el poder de tu cuerpo

¿Cómo puedes utilizar esta información para aumentar tu confianza y conquistar tu miedo y tus dudas?

Digamos que te sientes ansiosa y que el programa de tu mente para la ansiedad está en marcha y te hace pensar y recordar más eventos que inducen a la ansiedad. Tu cuerpo reacciona en consecuencia y pone en marcha el programa corporal para la ansiedad. Notas que tu cuerpo empieza a cerrarse y que tienes los brazos cruzados. Notas que estás mirando hacia el suelo y que te mueves incómodo en el lugar donde estás parado.

Cuando notes que tu cuerpo se está cerrando, ¿qué pasaría si decidieras aprovechar el Superpoder Interno de tu cuerpo y hacer algo diferente? En lugar de permitir que tu cuerpo se cierre, ¿qué pasaría si decidieras abrirlo? ¿Y si te mantienes erguida y fuerte, levantas los brazos, miras al cielo y sonríes con la sonrisa más grande, más segura o incluso más tonta que puedas imaginar? ¿Cómo crees que te sentirías si cambiaras así tu cuerpo?

Hagamos un ejercicio rápido para mostrarte cómo es esto. Empieza por ponerte de pie con los pies separados a la anchura de las caderas. Aprieta los músculos de las piernas y siente lo fuertes que son tus piernas. Ponte de pie, mira al frente y sonríe lo más fuerte que puedas. Además, pon las manos en las caderas o levántalas hacia el cielo.

¿Cómo te sientes cuando mantienes tu cuerpo de esta manera? ¿Qué ocurre con tu nivel de confianza en ti misma?

Para lograr esta actividad, ahora haz lo contrario. Empieza a encorvar el cuerpo, deja que los hombros se vuelvan pesados, cruza los brazos y mira hacia abajo, a los pies. Como extra, muérdete el labio ligeramente mientras arrastras los pies.

¿Cómo te sientes en esta posición? ¿Qué ocurre ahora con tu confianza en ti misma? Pasa de una postura a otra y presta atención a las palabras que te diriges a ti misma y a cómo te sientes de forma diferente cuando pasas de una postura a otra.

Ahora, imagínate entrando en un entorno social y viendo a un desconocido de pie, sonriendo cálidamente y haciendo contacto visual contigo. ¿Qué tipo de suposiciones harías sobre ese desconocido basándote únicamente en cómo se presenta con su cuerpo? ¿Lo verías seguro de sí mismo, amable y accesible?

A continuación, imagina que volteas a otro lado y ves a otra persona sentada sola en un banco con la cabeza baja y los brazos cruzados sobre el pecho. ¿Qué suposiciones harías de ella? ¿Parece segura de sí misma, amable o accesible?

Ahora, piensa en las personas que creías que eran tan afortunadas porque parecían seguras de sí mismas, fáciles de tratar y agradables. ¿Qué aspecto tienen? ¿Cómo mantienen su cuerpo?

Para parecer más segura de ti misma y tranquila, todo lo que tienes que hacer es utilizar el Superpoder Interno de tu cuerpo. Tu cuerpo no sólo afecta a lo que sientes por ti misma, sino también a cómo te ven los demás y a la impresión que se llevan de ti.

Tienes el poder de tomar el control y ejecutar el programa de tu cuerpo positivo y exitoso siempre que quieras. Es tan sencillo como el ejercicio que acabas de realizar. Cuando adoptas una postura poderosa cuando estás ansiosa, esto confunde a tu mente porque este no es el programa de tu cuerpo para la ansiedad.

> **RECUERDA**: *Cuando tu mente y tu cuerpo no están ejecutando el mismo programa, tu mente se confunde. Cuando tu mente se confunde, detiene su emoción actual. Entonces eres libre de elegir una nueva emoción que se adapte mejor a tus necesidades en ese momento.*

El resultado neto es que consigues romper el ciclo de sentirte como una víctima de tus emociones y en su lugar reclamar tu verdadero poder en el momento.

La próxima vez que te enfrentes a una situación que te provoque miedo o dudas, utiliza el Superpoder Interno de tu cuerpo. En lugar de encorvarte en tu silla, mirar hacia abajo a la mesa y retorcerte las manos mientras estás sentada en clase, esperando ansiosamente tu turno para dar tu presentación, siéntate erguida.

Utiliza el Superpoder Interno de tu cuerpo para relajar los hombros y dejarlos caer cómodamente. Descruza las piernas, gira las rodillas hacia fuera y planta los pies firmemente en el suelo. Mira directamente delante de ti o a la línea donde se unen la pared y el techo.

El simple acto de centrar tu energía y atención en mantener tu cuerpo abierto y fuerte romperá tu estado emocional negativo y te ayudará a lucir y sentir una sensación de confianza al instante. A continuación, puedes elegir los filtros de palabras que quieras para crear la experiencia que buscas.

Autorreflexión

Dedica unos minutos a responder a estas preguntas y a proponer ejemplos para lo siguiente:

1. Cuando estás nerviosa, asustada o tensa, ¿cómo reacciona tu cuerpo de forma natural?

_____

_____

_____

_____

_____

_____

2. Cuando te sientes bien por algo que acabas de hacer, o sobre ti misma, ¿cómo reacciona tu cuerpo de forma natural?

_____

_____

_____

_____

_____

_____

_____

3. Comparte dos ejemplos concretos en los que tu cuerpo se cerró y te hizo sentirte aún peor sobre tu situación.

_____
_____
_____
_____
_____
_____
_____
_____

4. Comparte dos ejemplos concretos en los que tu cuerpo se haya abierto y te haya hecho sentirte bien con tu situación.

_____
_____
_____
_____
_____
_____
_____
_____
_____
_____
_____
_____

5. Piensa en las personas que admiras. ¿Cómo mantienen su cuerpo en situaciones de estrés? ¿Qué podrías aprender de ellas?

_____
_____
_____
_____
_____
_____
_____
_____

6. Piensa en las personas que admiras. ¿Qué aspecto tienen que te indica que están cómodas consigo mismas? ¿Qué podrías aprender de ellas?

_____
_____
_____
_____
_____
_____
_____
_____
_____
_____
_____
_____
_____

CAPÍTULO 4

El poder de la imaginación

Piensa por un momento en algún recuerdo de tu infancia en el que hayas pasado muchas horas jugando con tu mejor amigo imaginario, divirtiéndote en tu tierra imaginaria y haciendo exactamente lo que querías. Si no tenías un amigo imaginario, piensa en un momento en el que estabas leyendo un gran libro y te perdiste completamente en una tierra imaginaria o te sumergiste en las aventuras que estabas leyendo. O tal vez piensa en un momento en el que estabas enferma en la cama y, en lugar de aburrirte, usaste tu imaginación y convertiste tu habitación en un gimnasio de la selva o en una estación espacial lista para volar al espacio exterior.

Deja de leer este libro durante unos minutos y, de la forma más vívida posible, trae a la memoria uno o varios recuerdos de una experiencia divertida de tu infancia. Tómate tu tiempo para hacer este ejercicio, de modo que puedas experimentar plenamente este siguiente Superpoder Interno.

Al imaginar estos acontecimientos de tu pasado, ¿cómo te sientes? ¿Cómo se posiciona tu cuerpo? Si te has tomado el tiempo de recordar vívidamente uno de esos maravillosos recuerdos, lo más probable es que te sientas un poco alegre, que los recuerdos divertidos te hagan sonreír y que tu cuerpo esté naturalmente abierto.

Puede que no lo supieras cuando eras más joven, pero en esos momentos estabas utilizando tu Superpoder Interno de la Imaginación para crear tu propia diversión y entretenerte. También estabas usando tu Superpoder Interno de la Imaginación para recordar esos maravillosos recuerdos justo ahora.

Por qué la imaginación es un Superpoder

La imaginación te ayuda a entretenerte, pero ¿qué es exactamente la imaginación y para qué más sirve?

La imaginación[2] se define como "el acto o el poder de formar una imagen mental de algo que no está presente a los sentidos o que nunca se ha percibido totalmente en la realidad". También se define como: "la capacidad de afrontar y tratar un problema" y "una creación de la mente".

Basándonos en estas definiciones, puedes ver por qué la imaginación es un Superpoder Interno. Con tu imaginación, tienes la capacidad de crear imágenes mentales de algo que ni siquiera existe en la realidad, ¡algo que tal vez nadie haya visto o siquiera pensado antes!

Con tu imaginación, puedes crear un sinfín de viajes y aventuras que te entretengan y te aporten emoción y

---
[2] "Imagination." Merriam-Webster.com. 2017. https://www.merriam-webster.com (7 November 2017).

felicidad. La imaginación te da la capacidad de ver diferentes ángulos de los problemas y de idear soluciones alternativas que te satisfagan.

Cuando aprovechas tu Superpoder Interno de la imaginación, tienes la capacidad de llenar tu vida de actividades divertidas que te aportan alegría y soluciones creativas que te llenan de una sensación de aventura o de logro.

Utilizas tu imaginación todo el día, pero probablemente has pensado poco en lo increíble que es tu imaginación. Puede que incluso le restes importancia a los poderes de tu imaginación diciendo: "No tengo una buena imaginación" o "Sólo está en mi imaginación".

Si crees que no tienes una buena imaginación, estás dando a tu mente subconsciente la orden: "Asegúrate de buscar pruebas de que no soy imaginativa". Siendo tu fiel ayudante, tu mente subconsciente entra en acción para darte la experiencia que acabas de pedir.

Has nacido con este precioso don y tienes una gran imaginación. Si no tuvieras una buena imaginación, no serías capaz de recordar acontecimientos pasados. Es con tu imaginación que eres capaz de "ver" la cara de tu amigo o sentir su cálido abrazo mucho tiempo después de haberse separado. Es tu imaginación la que te ayuda a decidir desde cómo resolver cosas divertidas, como rompecabezas o juegos, hasta cosas más serias, como la forma de arreglar las cosas después de haber herido a alguien.

Has estado utilizando tu imaginación y el poder de tu mente todo el tiempo. Sólo que no sabías lo poderosa que es tu imaginación, ni cómo usarla consistentemente para crear los resultados que quieres. Pero eso está a punto de cambiar.

Cómo conquistar el miedo y las dudas en ti misma utilizando el poder de tu imaginación

¿Sabías que es totalmente posible conquistar tu miedo y tus dudas aprovechando el Superpoder Interno de la imaginación? De sus estudios[3], La Dra. Stephanie Carlson, una destacada científica especializada en la investigación del funcionamiento de nuestro cerebro, determinó que: con la repetición, puedes convertirte en la persona que pretendes ser.

Lo que esto significa es que si quieres tener confianza en ti misma, puedes adquirirla fingiendo que la tienes. Para fingir, tienes que utilizar tu Superpoder Interno de la imaginación.

Recuerda que una de las definiciones de la imaginación es "formar una imagen mental de algo que no está presente o que nunca se ha percibido del todo en la realidad". Cuando te imaginas segura de ti misma, sólo estás formando una imagen mental de ti misma de una manera que no ha sido antes (o que no has sido consistentemente antes).

Piensa en todas las cosas increíbles de tu vida que tanto disfrutas, como tu teléfono inteligente, una consola de juegos o incluso tus zapatos favoritos. Para que esas cosas se hagan realidad y para que las disfrutes, alguien

---

[3] Carlson, Stephanie M. et al Evidence for a relation between executive function and pretense representation in preschool children. (2014) https://www.ncbi.nlm.nih.gov/pmc/articles/PMC3864685/

tuvo que imaginarlas primero. Y no sólo alguien tiene que imaginarlas, sino que además tiene que imaginarlas de una manera positiva, una manera que aporte ilusión a ese proyecto. Sin imaginación, nada se crearía.

No es diferente para ti. Si quieres ser de una manera determinada, puedes utilizar tu imaginación para dar vida a esa versión de ti misma. Puedes utilizar el poder de tu imaginación para verte como una versión totalmente segura de ti misma.

¿Cómo te ves? ¿Qué estás diciendo? ¿Con quién estás? ¿Qué estás haciendo? Puedes utilizar tu imaginación para verte a ti misma persiguiendo lo que quieres con confianza y logrando tus objetivos con facilidad. Fíjate en lo bien que te sientes con sólo imaginar esa posibilidad.

He aquí otro detalle divertido sobre tu mente subconsciente que te ayuda a llevar a la vida real las cosas que imaginas:

Tu mente subconsciente no conoce la diferencia entre eventos reales o imaginarios. Para tu mente subconsciente, tus eventos reales o imaginarios son sólo programas. Como un programa, puede estar encendido o apagado.

Si estás pensando, sintiendo o haciendo algo, tu mente subconsciente lo verá como un evento actual que está ocurriendo en ese momento.

Cuando te imaginas vívidamente abordando un problema con confianza repetidamente, tu mente subconsciente creerá que has tenido éxito abordando ese problema con confianza muchas veces. Si has tenido éxito en la superación de un problema diez o veinte veces, ¿seguirías teniendo el miedo o la duda la próxima vez que te enfrentes a ese problema?

No es probable.

Sin embargo, si todavía hay alguna duda, puedes cambiar eso imaginando la realización exitosa de esa tarea con facilidad y confianza otras veinte o cien veces.

Aquí hay otro hecho sobre tu mente subconsciente que es importante para crear tu resultado deseado. En un capítulo anterior, tú aprendiste que tu mente subconsciente es muy literal y obedecerá tus órdenes de la manera más fácil y rápida posible. Cuando utilices el poder de tu imaginación, asegúrate de utilizar términos en tiempo presente.

Esto debe verse como: "Tengo confianza en quien soy", en lugar de "Una vez que tenga confianza en lo quien soy, voy a...".

Cuando dices e imaginas: "Tengo confianza en quién soy", traes tus objetivos de confianza al momento presente. Tu mente subconsciente escuchará y obedecerá la orden: "Ahora tengo confianza en mí misma. Dame la experiencia de tener confianza en mí misma ahora".

Cuando dices: "Una vez que tenga confianza en quien soy, voy a...", le estás diciendo a tu mente subconsciente: "Dame la experiencia de tener confianza... algún día". Quiero tener confianza en mí misma en algún momento en el futuro".

Podrías decir: "Me parece bien tener confianza en mí misma algún día. No tiene que ser hoy". Aunque está bien que te sientas así, imagina cómo sería tomar el control y cambiar ahora.

Además, tu mente subconsciente necesitará que des esta orden constantemente para reescribir tu vieja programación. Ahora es el momento perfecto para dar esos primeros pasos para hacer tu cambio permanente.

¿Soy un fraude?

Seguro que has oído la expresión: "Finge hasta que lo consigas". Hay mucha razón en esa afirmación de acuerdo a la investigación de la Dra. Stephanie Carlson[4].

Sin embargo, para muchas personas, la idea de fingir algo o pretender ser alguien que no eres, se siente deshonesto y equivocado.

Muchas veces, he escuchado a clientes decir: "No quiero mentirme a mí misma. Eso no está bien". O, "Me siento tonta fingiendo ser alguien que no soy". Cuando finges hasta conseguirlo, puedes verlo como "fingir, mentir o engañar", o puedes verlo como "practicar".

Cuando vas al gimnasio y te ejercitas con pesas, ¿estás engañando a tu cuerpo para que desarrolle músculos? Por supuesto que no. Estás participando activamente en actividades que hacen que tus músculos se desarrollen. Estás, practicando con pesas para fortalecer y desarrollar tus músculos físicos.

---

[4] Carlson, Stephanie M. et al Evidence for a relation between executive function and pretense representation in preschool children. (2014) https://www.ncbi.nlm.nih.gov/pmc/articles/PMC3864685/

La imaginación es un músculo mental. En lugar de pensar que te engañas a ti misma o te mientes, ¿qué tal si cambias esos filtros de palabras por "practicar", "fortalecer" o "desarrollar" tus músculos mentales? ¿Acaso no se siente bien si te dedicas activamente a desarrollar tus músculos físicos?

Puedes ver a tus músculos mentales de la misma manera y permitirte sentirte bien cada vez que practiques esta nueva habilidad. Con la repetición, tus creencias se hacen más fuertes y más desarrolladas y la química de tu cerebro cambia en consonancia.

Tu estudio de creación personal

He aquí una forma divertida de ver tu imaginación. Piensa en tu imaginación como tu Estudio de Creación Personal, o "Estudio" para abreviar. Tu Estudio es tu patio de recreo privado, un lugar seguro donde puedes probar y practicar cualquier cosa que quieras desarrollar, ya sea una habilidad o algo que quieras crear.

Si quieres desarrollar un rasgo determinado o crear algo nuevo, puedes ir a tu Estudio y probar diferentes formas de dar vida a ese objetivo. Lo mejor de tu Estudio es que es tu propio lugar privado donde eres libre de probar y volver a probar hasta que estés contenta con el resultado.

En tu estudio no hay presión, no hay juicios. Si obtienes un resultado que no te gusta, puedes ajustar diferentes aspectos o desecharlo por completo. Tu Estudio está equipado con un botón de "repetición" que puedes utilizar tantas veces como quieras. Tienes el control total de lo que ocurre aquí.

Supongamos que tienes miedo a hablar delante de un grupo de personas y quieres cambiarlo. Puedes empezar por ir a tu Estudio y practicar visualizándote a ti misma acercándote a un grupo de personas, sonriendo y diciendo "hola". Imagina que las personas a las que te acabas de acercar sonríen y te devuelven el "hola". Hazlo varias veces para sentirte más cómoda.

A continuación, imagínate de pie en un grupo y estando totalmente presente. Esto significa que no estás en tu cabeza, tratando de pensar en cosas que decir. Más bien, estás ahí, escuchando la conversación y disfrutando del momento.

Ahora, imagínate a ti misma aportando algo a la conversación e imagina que la gente responde positivamente. Si imaginas estos escenarios repetidamente y te sientes bien cuando los imaginas, ¿cómo crees que serás diferente en un entorno social real?

Aquí tienes una pista que te ayudará a tener éxito en las situaciones sociales: Cuando estás escuchando activamente una conversación, es mucho más fácil tener algo que decir porque estás oyendo lo que se dice y puedes responder adecuadamente.

Cuando estás metido en tu cabeza, pensando en lo que tienes que decir, parece forzado y poco natural. Para cuando se te ocurre algo que decir, la conversación ya ha avanzado y lo que se te ocurrió puede no ser apropiado, lo que te hace parecer o sentirte incómoda.

> **RECUERDA:** *Tu mente subconsciente no sabe la diferencia entre eventos reales o imaginarios.*

Si estás en tu cabeza pensando en que se reirán de ti por decir algo incorrecto, tu mente subconsciente creerá que, de hecho, acabas de tener esa experiencia.

Del mismo modo, si te tomas el tiempo de imaginarte a ti misma cómoda y divirtiéndote en una situación social veinte veces, tu mente subconsciente creerá que te has divertido en una situación social veinte veces: veinte eventos reales en los que estuviste cómoda y confiada mientras estabas con los demás.

Cuando por fin interactúes con un grupo por primera vez en la vida real, tu mente subconsciente pensará que es la vigésimo primera vez que interactúas en un grupo. Como las primeras veinte veces fueron tan maravillosas, tu mente subconsciente no tiene motivos para "protegerte" con el miedo o la duda. Así, puedes relajarte y disfrutar de tu tiempo.

Cada vez que te imaginas siendo exitosa, fortaleces tus músculos mentales y construyes las habilidades necesarias para sentirte cómoda en un entorno social. Lo mejor es que lo has hecho todo en tu Estudio, donde no hay riesgos, ¡sólo oportunidades para practicar!

El problema es que mucha gente no entiende el enorme poder de la imaginación. En lugar de utilizar su Estudio para fortalecerse, lo utilizan para practicar ser alguien que no quieren ser y crear escenarios que son perjudiciales para su salud emocional y física.

Antes de entrar en una situación social, se imaginan que van a una fiesta en la que todo el mundo se conoce y ellos son los únicos que no conocen a nadie. O se imaginan que son los únicos que están nerviosos y que dicen las cosas equivocadas con torpeza y que se ríen de ellos o los ignoran.

Esto, por supuesto, provoca un pensamiento negativo, que aumenta aún más su miedo, ansiedad y dudas. Cuando llegan a la situación social, su nivel de ansiedad es tan alto que, de hecho, se ven y actúan de forma torpe. Su cuerpo se cierra, se mueven incómodamente y no pueden establecer contacto visual con la gente.

Del mismo modo, algunas personas pasan tanto tiempo en su Estudio reviviendo acontecimientos dolorosos del pasado que les hace experimentar síntomas físicos de estrés. Este patrón de pensamiento negativo interfiere con su sueño, su capacidad de concentración y disminuye la calidad general de sus vidas. Todo esto lo crearon porque no entendieron el poder de su imaginación. Cada vez que te sorprendas a ti misma creando situaciones no deseadas en tu Estudio, debes saber que tienes el poder de detenerlo ahora. Puedes cambiar tus pensamientos negativos por pensamientos potenciadores.

Recuerda que tu mente subconsciente está siempre atenta a tus órdenes. Cuando piensas o sientes de una manera determinada (y lo haces usando tu imaginación), tu mente subconsciente hará todo lo posible para darte la experiencia que estás creando en tu Estudio.

Tu imaginación tiene un papel muy importante y vital para ayudarte a resolver problemas y ser feliz. Cuando te comprometes activamente con tu Superpoder Interno de la Imaginación y utilizas tu Estudio para practicar ser la persona que quieres ser, cambiarás el cómo te sientes sobre ti misma y cómo te sientes sobre tu mundo. Verás los problemas desde diferentes ángulos y se te ocurrirán nuevas formas de abordar y resolver esos problemas. Este es un punto clave que debes recordar:

En cada situación, tienes que centrar tu energía y atención en algo, ya sea un aspecto negativo, neutro o positivo de ese acontecimiento. Tu mente no puede estar completamente en blanco. ¿Por qué no centrar tu atención en algo que te haga la vida más fácil y divertida?

Autorreflexión

Dedica unos minutos a responder a estas preguntas y a proponer ejemplos para lo siguiente:

1. Piensa en la última vez que utilizaste activamente el poder de tu imaginación, ya sea viendo una película, leyendo un libro o simplemente creando algo genial en tu mente. ¿Cómo te sentiste?

_____
_____
_____
_____
_____
_____

2. Piensa en una ocasión en la que hayas permitido que el poder de tu imaginación te superara y te volvieras temerosa o llena de dudas. ¿Qué estabas imaginando? ¿Cómo te sentiste?

_____
_____
_____
_____
_____
_____

3. Ve a tu Estudio e inventa dos formas diferentes de pensar sobre la situación que acabas de mencionar. Recuerda utilizar tus Superpoderes Internos de las Palabras y los Superpoderes Internos de tu Cuerpo junto con tu Imaginación para crear nuevos y poderosos escenarios. Diviértete en tu Estudio. Tus nuevos escenarios pueden incluir hadas, hombres lobo, unicornios y superhéroes, si quieres. Recuerda que éste es tu patio de recreo privado. Diviértete y aprovecha tu imaginación. ¿Cómo te sientes ahora, después de haber imaginado la situación bajo una luz diferente y positiva?

_____
_____
_____
_____
_____
_____
_____
_____
_____
_____
_____
_____
_____
_____
_____
_____
_____
_____
_____
_____

CAPÍTULO 5

El poder del valentía

Cuando piensas en la palabra "valentía" y en alguien valiente, ¿qué te viene a la mente? ¿Quién te viene a la mente? ¿Visualizas a alguien saltando de un avión a territorio enemigo en plena noche? ¿Te imaginas a alguien escalando una imponente montaña congelada o buceando con tiburones a cientos de metros de profundidad? ¿Piensas en alguien que se enfrenta a un grupo de personas hostiles, que se defienden y luchan por el cambio social o la justicia humana?

Para muchos, así es como ven la valentía. Para ser valiente, muchos piensan que deben realizar una tarea casi imposible llena de riesgos de lesiones personales o incluso de muerte. Son estos acontecimientos épicos los que se celebran en los medios de comunicación y de los que se habla sin parar alrededor de la mesa o entre un grupo de amigos.

Cuando se comparan con estos valientes héroes, muchas personas se sienten mal consigo mismas porque les cuesta pensar en levantarse de la cama y afrontar el día, y ni hablar de asumir ese tipo de riesgos enormes. Demasiada gente se queda atrapada en esta forma de pensar, que provoca dudas, miedo y un autojuicio negativo.

Quizá tú también estés atrapada en este patrón y no sepas cómo dejar de sentirte mal contigo misma o con tu situación. Una vez que entiendas la verdadera valentía y cómo aprovechar tu Superpoder Interno de la Valentía, la forma en que te ves a ti misma y de lo que eres capaz cambiará drásticamente para mejor.

Por qué la valentía es un Superpoder

La valentía[5] se define como: "la capacidad de hacer algo que asusta" y "la fuerza mental o moral para aventurarse, perseverar y resistir el peligro, el miedo o la dificultad".

En pocas palabras, la valentía es la fuerza y la capacidad de enfrentarse a algo que TÚ consideras aterrador, difícil o peligroso. Para ser valiente, no es necesario escalar el Monte Everest, domar bestias salvajes o enfrentarse a un pelotón de fusilamiento. Para ser valiente, sólo tienes que levantarte y enfrentarte a las cosas que TÚ temes y encuentras difíciles.

Según estas definiciones, eres valiente. Eres mucho más valiente de lo que te has dado cuenta y mucho más valiente de lo que te has atribuido. En palabras del

---

[5] "Courage." Merriam-Webster.com. 2017. https://www.merriam-webster.com (7 November 2017).

ganador del Premio Nobel de la Paz, Nelson Mandela: "aprendí que la valentía no era la ausencia de miedo, sino el triunfo sobre él.[6]"

Piensa en esa afirmación y luego piensa en las innumerables veces que diste un paso hacia algo que te asustaba por completo.

¿Qué tal esa vez que por fin pudiste entablar una conversación con alguien que te resultaba intimidante? Tal vez tu corazón palpitó rápidamente y te enredaste con tus palabras; pero lo hiciste. Y aunque los resultados no hayan sido los que querías, el hecho es que encontraste el valor para enfrentarte a tu miedo en ese momento.

¿Y la vez que te mantuviste firme y dijiste lo que querías decir? Sí, te dio miedo, y tal vez te hayas cuestionado a ti misma por decir lo que pensabas; pero el hecho es que lo hiciste. Lo hiciste con valentía. Miraste directamente a tu miedo y fuiste a por ello. Esto, en sí mismo, es un increíble acto de valentía que pasó desapercibido para el mundo que te rodea, y probablemente también pasó desapercibido para ti.

Has sido valiente muchas veces en tu vida; pero no te has dado el crédito y el reconocimiento adecuados. Ya no tienes que dejar que estos momentos increíblemente valientes pasen desapercibidos. Puedes reconocerlos, celebrarlos y, al hacerlo, aumentar tu conexión con tu valentía y la frecuencia con la que utilizas este Superpoder Interno a lo largo del día.

---

[6]https://www.brainyquote.com/quotes/quotes/n/nelsonmand178789.html

Cada pequeño y aparentemente insignificante acto de valentía que realizas refuerza tu autoestima y amplía un poco más los límites de quién eres. Cuando empiezas a notar y celebrar estas victorias, por pequeñas que sean, te sientes bien contigo misma.

Recuerda que tu mente subconsciente siempre presta atención a tus pensamientos y sentimientos para saber qué tipo de experiencias buscas. Cuando celebras estas victorias, tu mente toma nota. Buscará más pruebas para demostrarte lo valiente y capaz que eres realmente.

Te sientes más segura de ti misma. Empiezas a pensar en ti misma de forma diferente. Empieza a pensar y actuar de forma diferente. Te permites correr más riesgos y hacer las cosas que quieres hacer porque confías más en ti misma.

El valor y la confianza que surgen de estos acontecimientos aparentemente sin importancia empiezan a tomar forma. Cada vez te sientes más cómoda desafiándote a ti misma y empujándote a conseguir objetivos aún mayores. Las cosas que una vez pensaste que eran grandes obstáculos se convierten en posibilidades y tus objetivos para un éxito aún mayor están ahora a tu alcance.

La valentía abre tu mundo; las posibilidades son infinitas. La verdadera valentía es actuar cuando sientes miedo y también es escuchar y seguir a tu corazón. El valor es aceptarse a uno mismo tal y como es. La valentía te permite seguir adelante cuando la vida se pone difícil. La valentía te permite conectar con los demás de forma profunda y significativa.

Hace falta valentía -mucha valentía- para permitir que los demás vean tus vulnerabilidades, tus cicatrices y tus peculiaridades. Hace falta valentía para soñar a lo grande y perseguir ese sueño hasta que se haga realidad. Hace falta valor para dejar atrás situaciones o personas que son tóxicas y poco saludables para ti.

Cuando aprovechas tu Superpoder Interno de la Valentía y te enfrentas a tu miedo, te vuelves imparable.

Cómo conquistar el miedo y las dudas sobre ti misma utilizando el poder de la valentía

Muchas personas dudan de sí mismas y tienen tanto miedo que no pueden relajarse y ser ellas mismas. Se esfuerzan por evitar a las personas y situaciones que les dan miedo. Siempre están en alerta máxima, vigilando su entorno, buscando el peligro. Intentan continuamente ser la persona que creen que los demás quieren que sean. Esta necesidad constante de vigilar su situación y la necesidad autoimpuesta de averiguar quiénes tienen que ser en cada momento amplifica su miedo y sus dudas.

Imagina tener que adivinar lo que cada persona espera de ti y luego tratar de actuar de cierta manera para cumplir sus expectativas en cada interacción que tengas. ¿Qué tan agotador sería eso?

Con cada persona que intentas impresionar, pretendes ser la persona que crees que ellos quieren que seas y pierdes un poco más de ti misma. Pronto, pierdes la conexión con lo que realmente eres, y la belleza y la singularidad que te caracteriza se desvanecen. Esto te deja aún más confundida sobre quién eres. ¿Cómo puedes tener confianza y valentía cuando ni siquiera sabes quién eres y qué representas?

Lo mismo ocurre con el hecho de estar siempre en guardia ante posibles situaciones que puedan traerte dolor o decepción. Imagina que no puedes relajarte en ninguna situación porque estás continuamente buscando tu vía de escape. En lugar de estar presente y disfrutar de cada momento, te quedas atrapada en tu cabeza, pensando en todas las cosas que podrían salir mal para poder "prepararte". Cuanto más intentes controlar tu entorno y a los que te rodean, menos cómoda te sentirás en tu propia piel y más miedo y dudas crearás.

Cuando practicas actos de valentía, puedes eliminar la necesidad de controlar tu entorno y la necesidad de cambiarte a ti misma para complacer a los demás. La valentía te permitirá ser tú misma y sentirte realmente cómoda en tu propia piel.

He aquí un pequeño dato que quizá no conozcas y que te ayudará instantáneamente a vivir con más valentía:

El miedo sólo existe en tu imaginación. El miedo se crea recordando acontecimientos del pasado o imaginando acontecimientos del futuro. El miedo no existe en el momento presente.

Por lo tanto, si diriges toda tu atención a estar en el momento presente, eliminas instantáneamente tu miedo.

"¡Espera!", dirás. "Siempre tengo miedo. El miedo me acompaña en todo momento, ¡incluso en el momento presente!".

Analicemos un poco esas afirmaciones para ver si son realmente ciertas. Primero, piensa en la última vez que tuviste miedo. ¿Qué pensamientos pasaban por tu mente? Imaginemos que tenías una presentación en clase y tenías miedo. Probablemente tuviste alguno de estos pensamientos, si no es que todos:

1. Estaré muy nerviosa.
2. Me olvidaré de lo que tengo que decir.
3. Haré el ridículo.
4. La gente se reirá de mí.
5. Obtendré una mala calificación.
6. Se me da fatal hablar en público.
7. He hecho el ridículo en el pasado.
8. Tengo demasiado miedo.

Démosle un vistazo a las cinco primeras declaraciones. Estas declaraciones se basan en el futuro. Son cosas que temes y que esperas evitar en tu futuro.

Las declaraciones seis y siete se basan en tus experiencias pasadas. Crees que eres una terrible oradora en público por cómo te presentaste en el pasado y ves ese evento como si hicieras el ridículo.

Podrías decir que la declaración ocho se basa en el momento presente y tienes algo de razón. "TENGO" es una afirmación en tiempo presente; sin embargo, cuando profundizas y preguntas: "¿por qué tienes miedo?", la respuesta se basará en un acontecimiento futuro ("tengo miedo porque puedo fracasar") o en tus experiencias pasadas ("tengo miedo porque lo he hecho mal en el pasado").

En lugar de dejar que tus experiencias pasadas y el miedo al futuro controlen tus reacciones, ¿qué pasaría si aprovecharas tu Superpoder Interno de la Valentía para permanecer en el presente? Hace falta valor para dejar de lado los viejos patrones conocidos y empezar un camino nuevo y desconocido.

Mientras estás sentada en tu silla, esperando tu turno para presentar, en lugar de entretenerte con esos viejos pensamientos de miedo, ¿qué pasaría si te centraras en el momento? Quizás tu compañera de clase, Amie, está haciendo su presentación y tú centras toda tu atención en lo que está diciendo. Tal vez Amie lleva una camisa con un estampado muy bonito y tú te dedicas a trazar mentalmente el contorno de ese estampado.

Tal vez puedas dedicar tu tiempo a respirar lenta y deliberadamente y centrarte en tu Superpoder Interno de las Palabras para animarte o abrir tu cuerpo para mantener la calma y la confianza. Tal vez utilices tu Superpoder Interno de la Imaginación y practiques mentalmente cómo hacer tu presentación con confianza. Cuando dejes de lado con valentía el viejo parloteo de tu mente y hagas algo positivo por ti misma, mejorarás drásticamente tus resultados. Recuerda que tener valentía no significa que no tengas miedo. Más bien, significa ver tus miedos y tomar medidas para superarlos. La mejor manera de fortalecer tu Superpoder Interno de la Valentía es haciendo algo valiente.

Podría parecer muy contra-intuitivo decir: "No tengo valor para hacer las cosas que quiero hacer, pero lo haré de todos modos porque quiero ser valiente". Podrías pensar: "Para ti es fácil decir eso porque no tienes mi problema. No sabes lo que es ser yo y vivir con mi miedo. No sabes cuánto he sufrido ya".

Aunque es completamente cierto que no conozco tus circunstancias únicas, sí sé que todos luchamos con nuestros propios retos, miedos y dudas. También sé que la valentía es una habilidad que puedes aprender y dominar con paciencia y práctica. No te estoy sugiriendo que tomes tu mayor miedo y lo afrontes de frente. Ese método podría ser contraproducente y reforzar tu creencia de que tu miedo está justificado y es imposible de superar.

La valentía es otro músculo mental. Mejora con el uso constante. Para ejercitar los músculos de la valentía, empieza poco a poco y ve fortaleciendo tus músculos del valor a lo largo del camino. Encuentra pequeñas formas de exigirte a ti misma o de exponerte a cosas nuevas cada día. Puede que al principio te resulte incómodo hacer algo fuera de tu zona de confort. Cuanto más sigas superando tu zona de confort, más se ampliará tu zona de confort.

Digamos que cantar es una de tus pasiones y algo que se te da muy bien. Quizá quieras dedicarte a ello; pero la idea de actuar delante de los demás te aterra. ¿Qué pequeños pasos podrías dar para superar tu miedo?

Quizá el primer paso sea cantar unas cuantas canciones a tu familia. Tal vez sea cantar a un grupo de amigos cercanos. Para algunos, es más fácil hacer lo que les da miedo con gente que no conocen. Si este es tu caso, tal vez puedas buscar oportunidades para cantar a un pequeño grupo de desconocidos. ¿Podrías buscar oportunidades para cantar en una guardería o en una residencia de ancianos? Aumenta gradualmente el tamaño del grupo y la duración de tu actuación hasta que te sientas a gusto actuando para un público.

RECUERDA: Puedes practicar y perfeccionar todos tus actos de valentía dentro de la seguridad de tu Estudio antes de hacerlo en la vida real.

Con la práctica continua, los actos de valentía se convertirán en una segunda naturaleza para ti y tu confianza se hará cada vez más evidente en tu forma de vivir.

Autorreflexión

Dedica unos minutos a responder a estas preguntas y a proponer ejemplos para lo siguiente:

1. Piensa en tres ocasiones diferentes en las que hayas actuado con valentía pero no te hayas dado el crédito adecuado. Escribe todos los detalles relevantes.

_____
_____
_____
_____
_____
_____
_____

2. Al considerar los acontecimientos que escribiste en la primera pregunta a través de la lente de la valentía, ¿cómo te hizo sentir diferente?

_____
_____
_____
_____

3. Vuelve a pensar en cada acontecimiento individualmente. Para cada evento, ¿hay algo que desearías haber hecho o dicho de manera diferente? Anota esas cosas.

_____
_____
_____
_____
_____
_____
_____
_____
_____
_____
_____
_____
_____

4. A continuación, elige uno de esos eventos para practicar. Imagina que entras en tu Estudio y reaccionas de la manera que te gustaría. Practica esta forma de ser repetidamente hasta que te sientas cómoda. Este ejercicio te ayudará a reaccionar de esta manera en tu futuro. Siéntete libre de practicar la reacción que desees con los otros eventos, también.

CAPÍTULO 6

El poder del perdón

¿Con qué frecuencia piensas en los momentos en que fuiste herida, maltratada o rechazada por otros? Cuando repites esos acontecimientos en tu mente, ¿cómo te hicieron sentir? ¿Qué emociones surgieron para ti?

Lo más probable es que cuando pensaste en esos sucesos, hayas sentido varias emociones fuertes como: tristeza, miedo, dolor, decepción, traición, inferioridad, ira, impotencia, soledad, vergüenza u otros sentimientos igualmente negativos. ¿Te ha ayudado alguna vez sentirte así? Para la mayoría de la gente, la respuesta es "no".

De hecho, es probable que hayas experimentado que se te arruinó todo el día, no por lo que ha pasado ese día, sino porque has gastado mucho tiempo y energía sintiendo lástima por ti misma o castigándote por lo que deberías o podrías haber hecho de otra manera. Te gustaría poder olvidar las cosas con facilidad, como hacen otros a tu alrededor; pero no puedes dejar de pensar en lo que pasó y en cómo te han herido. ¿Cómo puedes perdonar y seguir adelante cuando no puedes dejar de revivir el dolor en tu cabeza?

No estás sola en este patrón. Como seres humanos, nos resulta fácil centrarnos en los acontecimientos negativos y reproducirlos. De hecho, estamos programados para ello. Nuestras experiencias vitales nos han enseñado a prestar más atención a las cosas negativas y a aferrarnos al dolor asociado a ellas.

Desde que eras una niña pequeña, has observado que la gente que te rodea presta más atención a los acontecimientos negativos y te da la impresión de que vale la pena prestarles una atención especial.

Piénsalo por un momento.

Hubo innumerables ocasiones en las que fuiste feliz jugando sola y nadie te hizo caso. Pero en el momento en que te hacías daño, herías a otra persona o hacías algo "malo", como una rabieta, todo el mundo a tu alrededor se apresuraba a prestarte más atención. Sí, parte de esa atención era negativa, pero seguía siendo atención igualmente.

Además, cuando ocurre algo terrible, la gente habla más de ello. Si es noticia, todos los canales de televisión transmiten la historia repetidamente. Parece que no puedes escapar de la historia, no importa cuántas veces cambies de canal.

Lo sepas o no, este tipo de sucesos hacen que tu subconsciente desarrolle creencias como: "Cuando me hago daño o hago algo malo, recibo atención extra", o "El dolor, los traumas y otros sucesos desafortunados son importantes. Presta atención a ellos". Así, cuando algo va mal o cuando alguien te hace daño, te aferras a esos recuerdos y los repites a menudo.

Piensa en una ocasión en la que tuviste una experiencia horrible en un restaurante. ¿Con cuántas personas compartiste esa experiencia? ¿Y en una ocasión en la que tu experiencia en un restaurante fue más o menos buena? ¿Con cuántas personas compartiste esa experiencia? Lo más probable es que le dijiste al menos al doble de personas sobre la experiencia negativa en comparación con la experiencia buena.

Cuando pienses en esos dos ejemplos de restaurantes, ¿cuántos detalles puedes recordar de cada incidente? Es probable que recuerdes muchos detalles de la experiencia terrible y no tantos de la experiencia regular. Esto se debe a que tu mente está programada para prestar atención a los acontecimientos negativos y recordarlos.

¿Recuerdas a tu amiga y asistente, la mente subconsciente? Tiene un papel vital a la hora de mantener los recuerdos dolorosos frescos en tu mente. Dado que su trabajo es mantenerte a salvo del peligro (real o imaginario), tu mente subconsciente no sólo recordará todas tus experiencias dolorosas, sino que también escudriñará continuamente tu entorno en busca de evidencias de malas acciones similares para impulsarte a evitar ciertas personas y situaciones.

Lamentablemente, esto hace que seas hipersensible a cada instancia en la que percibas que la gente puede maltratarte, o cuando creas que estás haciendo algo "malo". Esto a menudo te lleva a malinterpretar las situaciones y te crea un dolor innecesario.

Por qué el perdón es un Superpoder

El estrés es la causa número uno de muchos problemas de salud, como la presión arterial alta, los problemas de estómago, los dolores de cabeza y la depresión. Cuando tienes mucho miedo, dudas o ira, ya sea hacia ti misma o hacia los demás, tu nivel de estrés aumenta y afecta a tu salud en general.

El perdón es la clave para reducir el estrés y mejorar la calidad de vida.

El perdón te libera de toda esa pesada carga (y del consiguiente estrés) y te proporciona un borrón y cuenta nueva para seguir adelante.

Imagina este escenario por un momento. Acabas de tener una terrible discusión con una buena amiga, y sientes que ella fue mala e hiriente contigo. Has intentado explicarle por qué te sientes herida y molesta, pero ella no parece entenderlo. Te enfadas más y te retraes en tu interior. Tu amiga intenta quitarle importancia a la situación y te dice: "Deja de ser tan sensible. Ven a mi fiesta esta noche. Nos divertiremos mucho".

Si te aferras al dolor, lo más probable es que elijas quedarte en casa y no asistir a su fiesta. Incluso podrías pensar: "Voy a enviarle un claro mensaje sobre lo enfadada que estoy al no presentarme en su estúpida fiesta".

Entonces, en lugar de ir a la fiesta y divertirte como realmente deseabas, te quedaste en casa y reviviste tu ira y tu miseria. Tu amiga, en cambio, se lo pasó en grande en su fiesta. Es posible que piense brevemente en ti y que incluso se sienta triste por un momento por tu ausencia, pero lo más probable es que esté concentrada en los amigos que están allí y disfrutando de su tiempo con ellos.

Querías vengarte, pero al final, ¿quién sufrió realmente? Estabas tan absorta en tu dolor y en tus pensamientos de venganza que no pudiste disfrutar. Reprodujiste la pelea una y otra vez, lo que hizo que te enfadaras aún más con tu amiga. Puede que incluso estés tan irritada que le grites a tu hermano pequeño cuando te pide que juegues con él. Ahora eres tú quien reparte el dolor y ni siquiera te has dado cuenta. ¿Qué tan dañino es eso?

Imaginemos que decides perdonar a tu amiga. Puede que al principio te sientas un poco incómoda porque no estás acostumbrada a dejar pasar las cosas fácilmente. Sin embargo, como has aprendido a liberar algunos de tus Superpoderes Internos, te metiste en tu Estudio y practicaste estas nuevas habilidades.

Durante treinta minutos seguidos, practicaste pasar tiempo con tu amiga en su fiesta, estar completamente presente y divertirte. Practicaste verte a ti misma completamente a gusto, riendo y conectando profundamente con esta amiga y otros amigos en su fiesta. A medida que practicaste estas nuevas

habilidades en tu estudio, también practicaste un nuevo filtro de palabras:
"Me resulta fácil perdonar".

Con estas prácticas, empezaste a sentirte mejor con la situación y decidiste asistir a su fiesta. En la fiesta, notaste que te resultaba mucho más fácil divertirte. Tu amiga estaba encantada de que asistieras a la fiesta. Te da un gran abrazo y te agradece que estés allí.

Sales de la fiesta sintiéndote bien contigo misma y con tu amistad, y te llevas esa maravillosa energía a casa. Cuando tu hermano pequeño te pide que juegues con él, lo haces con gusto, y los dos comparten un precioso momento de unión.

La autora inspiracional Katherine Ponder dijo algo con lo que estoy muy de acuerdo: "Cuando guardas resentimiento hacia otro, estás atado a esa persona o condición por un vínculo emocional más fuerte que el acero. El perdón es la única manera de disolver ese vínculo y liberarse".

Cuando eliges perdonar, dejas de perder tu tiempo y energía repitiendo la misma historia de siempre y sintiendo lástima por ti misma. Ese es el poder del perdón.

RECUERDA: *Cuando perdonas, te liberas para disfrutar de las cosas que más te importan.*

Puede que pienses: "Bueno, eso tiene sentido, pero ¿qué pasa si perdono a alguien y no cambia porque piensa que estoy bien con lo que hizo? O peor aún, ¿qué pasa si los perdono y piensan que soy débil y se aprovechan de mí aún más? No quiero ser amiga de alguien así".

Aunque es comprensible que tengas estas preocupaciones, ¿estás de acuerdo en que estas preocupaciones están basadas en el miedo? Si quieres conquistar tu miedo y tus dudas, puedes optar por alejar tu energía de los pensamientos conocidos basados en el miedo y centrarte en cambio en tus Superpoderes Internos.

Cuando perdonas, no significa que estés de acuerdo con lo sucedido, ni que hayas excusado sus acciones. Todo lo que significa es que has aceptado que la situación ocurrió y que no hay nada que puedas hacer para cambiar el pasado, por lo que estás eligiendo centrarte en el momento presente y en el futuro.

Tal vez se trate de un simple malentendido y puedas aclarar rápidamente las cosas manteniendo una conversación significativa que profundice en su relación. Tal vez haya una o dos grandes lecciones de las que puedas aprender para ayudarte a crecer como persona. Cuando perdonas, el acto de perdón es realmente para ti y no tanto para la otra persona.

Sí, sería bueno que pudieran entender lo que hicieron y cambiaran su comportamiento futuro por ello. Sin embargo, la decisión de cambiar depende exclusivamente de ellos. Tú no tienes ningún control sobre eso, independientemente del tiempo, la energía y el esfuerzo que inviertas en intentar que ocurra. Cuanto más intentes controlar o manipular la situación, más tiempo estarás atrapada y atada a esa persona. Es casi como si les dieras el poder de controlar cómo te sientes. En cambio, puedes perdonar a esa persona y seguir adelante. Al hacerlo, reclamas tu poder. Es como si declararas: "¡Basta! Ya no puedes controlarme. Estoy a cargo de cómo me siento y cómo paso mi tiempo".

Perdonar tampoco significa que tengas que ser amiga de esa persona. Al igual que la otra persona puede elegir si quiere cambiar, tú puedes elegir si quieres mantener esa relación. El perdón sólo significa dejar de lado la negatividad para poder seguir adelante, con o sin esa persona en tu vida.

Hasta ahora, hemos hablado de perdonar a los demás y de cómo eso te libera. Hablemos de otra faceta del perdón que es igualmente importante, pero que a menudo se pasa por alto, y es el auto-perdón.

Piensa por un momento en algo que hayas hecho y de lo que todavía te sientas arrepentida, culpable o avergonzada. O tal vez piensa en un momento en el que se te defraudaste a ti misma o a otra persona, o te decepcionaste de alguna manera. ¿Cómo te frenan estos acontecimientos y los sentimientos asociados a ellos? ¿Te parece pesado y agobiante llevar contigo todos esos juicios sobre ti misma? ¿No sería bueno empezar de nuevo y avanzar sin esa carga?

Si quieres empezar de nuevo, puedes empezar por perdonarte a ti misma. Al igual que perdonar a los demás, perdonarte a ti misma no significa que estés bien con lo que hiciste. El auto-perdón significa que has reconocido que lo que hiciste no era deseable y que estás dispuesta a dejarlo pasar para poder dedicar tu energía a descubrir formas de mejorar esa situación o de reconciliarte con alguien a quien hayas podido herir.

Cómo conquistar el miedo y las dudas sobre uno mismo utilizando el poder del perdón

¿Cómo te ayuda el perdón a vencer tu miedo y tus dudas? Aferrarse a los sentimientos de dolor, ira o resentimiento sólo hace que te sientas peor contigo misma, con tu situación y, en última instancia, te hace dudar de ti misma. Puede que te sientas como una víctima. Puede que te sientas sola en este mundo. Tiene sentido que desees protegerte del futuro dolor.

Pero, ¿qué ocurre cuando intentas defenderte? Normalmente, la auto-protección significa pensar y recordar el acto que te causó dolor, con la esperanza de evitar que se repita. También significa tener que cerrarse en cierta medida.

Tal vez hayas sido rechazada o traicionada por un amigo; así que ahora tienes miedo de abrirte y dejar que la gente conozca tu verdadero yo. Tal vez los demás se hayan burlado de ti por expresarte, así que ahora te reprimes para no decir lo que quieres. Quizás hayas fracasado en algo importante para ti, y ahora ya no intentas asumir retos significativos por miedo a repetir el fracaso.

Digamos que un compañero de clase se ha metido contigo y ahora tienes miedo de estar cerca de esa persona. ¿Qué pensamientos tienes cuando esa persona está cerca de ti? ¿Te muestras como una persona feliz, confiada y despreocupada? ¿O te muestras enfadada, tímida y torpe? ¿Te muestras de una manera que hace difícil que alguien se burle de ti, o te muestras como un "blanco fácil"?

No estoy sugiriendo que sea tu culpa que se hayan burlado de ti. Definitivamente, tú NO tienes la culpa. Los acosadores serán acosadores, y tú no puedes controlar eso. Lo que sí puedes controlar es cómo te sientes y cómo te presentas ante los demás.

Recuerda que tu mente subconsciente siempre está trabajando para darte más de tu experiencia actual. Cuando te centras en el cómo esta persona se ha burlado de ti y te ha causado dolor, tu mente subconsciente buscará pruebas de lo mismo. Esto hace que estés en alerta máxima, y con miedo.

¿Recuerdas ese capítulo sobre cómo tu cuerpo es un superpoder interno? En ese capítulo, aprendiste que cuando tu mente está ejecutando un "programa mental débil" como el miedo, tu cuerpo se cerrará naturalmente, haciéndote parecer pequeña y desconfiada. Estos factores actúan conjuntamente en tu contra, facilitando que los acosadores sigan molestándote. La buena noticia es que puedes cambiar este patrón.

Imagina que has perdonado a la persona que te ha molestado y has dejado de lado las negatividades. En lugar de tomarte lo que ha dicho o hecho como algo personal, reconoces que esa persona está lidiando con sus propias cosas y que se estaba desquitando contigo. Eso no hace que la situación sea correcta; pero la sitúa en una perspectiva diferente para ti, ¿no es así? ¿Cómo te mostrarías de manera diferente ahora? ¿Qué pensamientos tendrías? La próxima vez que veas a esa persona, en lugar de sentir miedo, podrías sentirte neutral o, mejor aún, incluso compasiva hacia ella. Como ya no te centras en el miedo, tu mente y tu cuerpo responderán de forma adecuada, y parecerás completamente diferente a los demás.

Cuando enfocas tu energía en protegerte a ti misma, limitas tu energía positiva y limitas tu capacidad de estar en el momento presente.

RECUERDA: *El miedo sólo existe en tu imaginación. Creas el miedo recordando acontecimientos del pasado o imaginando acontecimientos del futuro. El miedo no existe en el momento presente.*

Cuando sales de tu cabeza y te centras en lo que tienes delante, eliminas el miedo y las dudas. Cuando no tengas que preocuparte tanto por cómo actuar, qué decir o cómo protegerte, te sentirás mejor y más fuerte en general. Tu autoestima y confianza aumentarán automáticamente. Puedes relajarte, ser tú misma y disfrutar de la gente que te rodea y del entorno en el que te encuentras.

Además, el perdón puede ayudarte a desarrollar y fortalecer tus otros Superpoderes Internos y restaurar tu paz mental. ¿Qué tan poderoso es eso?

NOTA: *El trabajo del perdón puede ser un reto para muchos. Aunque los siguientes ejercicios son útiles para liberar emociones no deseadas, no sustituyen a la ayuda profesional. Si tu situación es difícil de manejar o no sabes cómo proceder por tu cuenta, habla con tus padres o con un adulto de confianza y pide ayuda.*

También puedes hacer una búsqueda en Internet de "crisis adolescente" con tu ciudad y estado para encontrar recursos locales. Por ejemplo, "crisis adolescente Dunedin, Florida".

Autorreflexión

Dedica unos minutos a responder a estas preguntas y a proponer ejemplos para lo siguiente:

Perdonar a los demás

1. Piensa en una persona o situación por la que todavía guardas enojo o resentimiento. Anota la información clave relevante. (NOTA: Dado que con los ejercicios de este capítulo vas a tratar temas muy personales, tal vez quieras escribir tus respuestas en un cuaderno o diario aparte).

2. ¿Cómo te ha frenado la negatividad y el dolor de este acontecimiento? ¿Qué es lo que NO estás haciendo y quieres hacer? (Ejemplo: No estoy probando cosas nuevas.) ¿Qué estás haciendo que quieres DEJAR de hacer? (Ejemplo: Digo que sí a cosas que no quiero hacer porque quiero agradarle a la gente).

_____
_____
_____
_____
_____

3. ¿Tienes miedo de que ocurra algo malo si perdonas a esta persona o situación? Expresa cualquier temor que tengas.

_____
_____
_____
_____
_____
_____

4. ¿Cómo puede mejorar tu vida el hecho de perdonar a esta persona o situación? ¿Qué puedes hacer, pensar o sentir ahora sin el peso de este asunto?

_____
_____
_____
_____

5. Tómate un momento para notar lo bien que te sientes al soltar el peso de este problema. Con tu perdón, tienes el poder de darte este magnífico regalo de libertad para seguir adelante.

Perdonarse a ti misma

1. Piensa en algo que hayas hecho y de lo que te sientas arrepentida, culpable o avergonzada. Escribe todos los detalles relevantes.

_____
_____
_____
_____
_____
_____
_____
_____
_____

2. Mientras pensabas y escribías los detalles de ese acontecimiento, ¿cómo te hizo sentir? ¿Qué pensamientos tuviste?

_____
_____
_____

3. ¿Por qué no te has perdonado a ti misma?

_____
_____
_____
_____
_____
_____
_____

4. ¿Qué temes que ocurra si te perdonas a ti misma?

_____
_____
_____
_____
_____
_____
_____
_____
_____

5. ¿Qué puedes aprender de este evento?

_____
_____
_____
_____
_____
_____
_____
_____
_____

6. ¿Cómo puedes utilizar lo que has aprendido para ayudarte a ser mejor persona?

_____
_____
_____
_____
_____
_____
_____
_____
_____
_____

7. Dedica unos minutos a imaginar esta versión mejorada de ti misma, habiendo aprendido una poderosa lección. Permítete aceptar esta lección y avanzar ahora.

CAPÍTULO 7

El poder del amor

El amor es una necesidad humana primaria y esencial. Hay miles de canciones sobre el amor. Hay miles de películas sobre el amor. Las vidas humanas se conciben como resultado del amor. El amor lo conquista todo. El amor hace girar el mundo. No falta inspiración para encontrar las palabras para describir el amor y sus efectos. Sin amor y afecto, no podemos prosperar. Ansiamos la sensación de ser amados y disfrutamos demostrando amor a quienes nos importan. El amor nos llena de una sensación de confort, pertenencia y seguridad. Cuando tenemos amor, la vida es más fácil y significativa. Cuando carecemos de amor, la vida parece solitaria y fría.

Hagamos un chequeo rápido del amor que tienes en tu vida. Deja de leer este libro y durante los próximos cinco minutos, toma un papel y haz una lista de todas las personas que amas. Tómate el tiempo de crear esta lista antes de continuar con el resto de este capítulo. Este es un paso importante para evaluar tu Poder del Amor. Adelante, agarra un papel y un bolígrafo o un lápiz. Pon el cronómetro en cinco minutos y ¡adelante! Crea tu lista libremente y anota a quien se te ocurra.

Echa un vistazo a tu lista. ¿En qué momento te has mencionado a ti misma? ¿Estás al principio de la lista, en el medio o al final? ¿Te has incluido en tu propia lista?

Es habitual que las personas se olviden de incluirse a sí mismas en su lista de "Personas que amo" porque centran su amor en el exterior. Cuando piensan en dar y recibir amor, creen que es un acto que viene de ellos mismos a otra persona o de otra persona a ellos.

Otros se sienten incómodos con la idea del amor propio, por miedo a parecer arrogantes o egocéntricos. Otros se sienten poco amables o se ven a sí mismos como no merecedores de amor propio.

¿En qué punto de este espectro te encuentras tú? ¿Te muestras el mismo nivel de amabilidad, amor y respeto que a los demás, o te tratas mal en estos aspectos? ¿Te dedicas tanto tiempo a ti misma como a los demás?

Aunque es un rasgo maravilloso amar a los demás y tratarlos con amor, es igualmente importante, si no más, amarse a uno mismo.

Para experimentar plenamente el Poder del Amor, tienes que empezar desde dentro y desarrollar un fuerte sentimiento de amor por ti misma. En este capítulo, cuando hablamos de amor, nos referimos al amor propio. Cuando te ames profundamente a ti misma, dar amor a los demás y recibirlo será fácil.

Por qué el amor es un Superpoder

Cuando piensas en el amor propio, ¿qué es lo primero que te viene a la mente? ¿Te emociona la idea de mostrarte a ti misma lo importante y merecedora que eres? ¿O la idea de dedicar tiempo a cuidar de ti misma y de tus necesidades te resulta extraña e incómoda?

Si se te dibuja una sonrisa en la cara cuando piensas en demostrarte a ti misma que te quieres, entonces vas por buen camino. Sigue mostrándote lo magnífica que eres.

Si te resulta incómodo pensar en el amor propio, trabajemos juntos para cambiarlo. Te mereces quererte y tratarte con respeto, amabilidad y compasión.

¿Por qué algo tan sencillo y beneficioso como practicar el amor propio es tan poco común y difícil para muchos? Parte de la respuesta puede estar en la definición de amor propio de nuestra cultura[7]: "1. Engreimiento 2. Consideración de la propia felicidad o ventaja".

Dado que parte de la definición de amor propio es "engreimiento" y "consideración de la propia ventaja", no es de extrañar que tanta gente se sienta incómoda con el concepto de amarse a sí misma. Después de todo, ¿quién quiere ser visto como una persona engreída o que sólo mira las cosas por su beneficio? En consecuencia, en lugar de mostrarnos amor a nosotros mismos y crear nuestra propia felicidad, damos amor a

---

[7] "Self-love." Merriam-Webster.com. 2017. https://www.merriam-webster.com (7 November 2017).

los demás y dependemos de otros para que nos den amor y nos hagan felices.

¿Y si, en lugar de centrarnos en esos aspectos de la definición de amor propio, aceptáramos que el amor propio es "la consideración de la propia felicidad"? Durante los próximos minutos, imagina que tienes total libertad para centrarte en crear tu felicidad personal. Para que quede claro, cuando digo "libertad para centrarte en crear tu felicidad personal", me refiero a la libertad para hacer lo que quieras por ti misma, siempre y cuando no estés infringiendo la ley a propósito o haciendo daño a otra persona.

¿Cómo sería eso para ti? ¿Cómo pensarías, actuarías o te sentirías de forma diferente si tus decisiones se basaran únicamente en tu felicidad y no en complacer a otra persona, o en preocuparte por lo que los demás puedan pensar de cómo pasas tu tiempo? ¿Qué tan liberador se siente dejar atrás el miedo, la duda, el juicio negativo, el arrepentimiento, la vergüenza y la culpa?

Eso es exactamente lo que el amor propio puede hacer por ti. Puede llenarte de sentimientos maravillosos que te motivan a vivir tu vida al máximo. En un nivel profundo, todos queremos sentirnos amados y saber que somos merecedores de amor. Todos queremos ser capaces de mostrarnos amor a nosotros mismos; entonces, ¿por qué a la mayoría de la gente le resulta difícil mostrarse amor a sí misma?

Creencias erróneas

Es egoísta centrarte en tus necesidades

Lo más probable es que, al principio de tu vida, el acto de amarte a ti misma y de hacer lo que te hace feliz fuera algo muy natural para ti. Imagina estos escenarios.

Estabas felizmente ocupándote de tus propios asuntos y haciendo lo que te hace sentir bien, en lugar de permitir que tu hermano te presionara para hacer lo que no quieres hacer. Tu hermano se enfadó contigo y te acusó airadamente de ser desconsiderada, desconsiderada o egoísta.

Tal vez en otra ocasión te regañaron porque les dijiste a tus padres que querías ir a casa de tu amigo como estaba previsto, en lugar de quedarte en casa cuidando a tus hermanos. Tal vez tus padres te gritaron y te dijeron lo decepcionados que estaban contigo. Dijeron que una buena persona pensaría en los sentimientos de los demás y sacrificaría sus necesidades para hacerlos felices.

Tal vez te dijeron que deberías avergonzarte por querer siempre las cosas a tu manera. La culpa, la vergüenza y un montón de otras cargas pesadas fueron puestas sobre ti y aprendiste lo mucho que eso duele.

Tu subconsciente estaba prestando mucha atención, como siempre lo hace. Registró todo este doloroso intercambio, y lo utilizará para ayudar a protegerte de experiencias dolorosas similares en el futuro. La próxima vez que pienses en hacer lo que te hace feliz, tu mente subconsciente entrará en acción para protegerte y reproducirá ésta y otras películas similares.

Empezarás a sentirte incómoda mientras te cuestionas a ti misma con preguntas como: "¿Es lo que quiero realmente tan importante? ¿Estoy siendo desconsiderada o egoísta?".

Y mientras tienes esos pensamientos y sientes la ansiedad que los rodea, decides hacer lo que la otra persona quería. Y por ello, recibes una recompensa. Tus padres te dicen lo orgullosos que están de que pienses en los sentimientos de los demás. Te dicen que eres una buena persona y te recompensan con más atención, cariño u otras muestras de aprecio.

Después de algunas de estas incidencias, creces creyendo que:

- Hacer lo que quiero es desconsiderado y egoísta.
- Es más importante hacer felices a los demás que a mí misma.
- Cuando sacrifico mis necesidades, soy apreciada por los demás.

No eres digna de cosas buenas en la vida

Estas creencias se vieron intensificadas por otras experiencias en tu vida que te hicieron sentir que no merecías cosas buenas. Tal vez, en un momento de enfado, tus padres te gritaron que dejaras de perder el tiempo en cosas "inútiles" (cosas que te gustaban hacer) porque debías centrarte en subir tus calificaciones y ayudar en las tareas de la casa.

O tal vez hayas escuchado a tus padres hablar de todos los sacrificios que han hecho para mantenerte a ti y a tus hermanos, y eso te hizo sentir culpable. Tal vez uno o dos amigos terminaron su amistad contigo porque no hacías lo que ellos querían. Luego estaban todas las veces que te castigabas por arruinar algo o por defraudarte a ti misma o a los demás.

Experiencias como éstas reforzaron tu creencia de que tus deseos y necesidades no son tan importantes y que no eres digna de ellos. Para ajustarse a lo que los demás esperan de ti y ganarte el título de "digna", centras tu atención en satisfacer las necesidades de los demás mientras descuidas las tuyas.

Cuando sigues ignorando tus propias necesidades, pierdes la conexión con lo que eres y con lo que te hace sentir bien. Esto hace que tu autoestima caiga en picada y que tu insatisfacción contigo misma (y con tu vida) empeore.

No eres digna de ser amada porque tienes defectos

Incluso cuando tienes tiempo para centrarte en tus necesidades, puede que te cueste mostrarte amor a ti misma porque no puedes dejar de centrarte en tus defectos que percibes. Esto hace que te sientas indigna y que no mereces amor y felicidad.

Esta es una situación común entre los adolescentes. Comprueba si te sientes identificada con esta situación o con una similar. Se acerca una ocasión especial, tal vez un baile de la escuela o la fiesta de un amigo, y estás muy emocionada por asistir. Has encontrado el atuendo perfecto y tu pelo está estupendo. Pero esta mañana te has levantado con un gran grano en la cara. En lugar de admirarte por lo bien que te ves y centrarte en lo divertido del evento, centras toda tu atención en el grano. En lugar de estar presente y disfrutar, estás metida en tu cabeza, pensando en tu grano, lo que hace que te sientas insegura sobre tu aspecto. En el evento, te resulta difícil disfrutar porque estás segura de que todo el mundo está mirando tu grano y juzgándote.

Si te sientes así a menudo, tengo una noticia para ti. Eres un ser humano. Mientras seas un ser humano, tendrás defectos que son percibidos. No hay forma de evitarlo. Si esperas a pensar que eres perfecta antes de amarte a ti misma, perderás una increíble oportunidad de ser feliz y realizarte ahora mismo.

Amarte a ti misma no significa que creas que eres perfecta o que siempre haces las cosas a la perfección. Amarte a ti misma significa que eliges aceptarte exactamente cómo eres, con todos tus defectos.

RECUERDA: *Demostrarte amor y ser amable contigo misma son dos de las mejores cosas que puedes hacer para fortalecer tu autoestima y cambiar tu vida para mejor.*

Cuando te amas a ti misma, te liberas de la presión constante de tener que hacer felices a los demás y de la pesada carga de vivir con interminables dudas y auto-juicios.

Sin la presión, las dudas y los auto-juicios, tendrás la libertad y la tranquilidad de explorar las cosas que te gustan, lo que te ayuda a crecer como persona. Cuando sabes quién eres y te sientes bien contigo misma, es mucho más fácil tomar decisiones positivas para ti.

El amor propio actúa como un antidepresivo y un tranquilizante natural. Cuanto más te quieras a ti misma y te trates con amabilidad, más fácil te resultará sacar tu fuerza y mantener la calma y la lucidez en situaciones difíciles.

El amor propio también facilita la recuperación de este tipo de acontecimientos. Cuando practiques el amor propio de forma constante, te convertirás en una persona más feliz y saludable, con un fuerte sentido de la autoestima. Tu capacidad para dar y recibir amor se profundiza porque ahora te ves como una buena persona que merece ser amada.

Cómo vencer al miedo y a las dudas sobre ti misma utilizando el poder del amor

Por un momento, piensa en cómo te has tratado a ti misma cuando tu miedo y tus dudas son grandes. ¿Te has mostrado amor a ti misma, o has mostrado falta de respeto o desprecio hacia ti? En esos momentos, ¿las palabras que te diriges a ti misma son de apoyo y amables, o empeoras la situación insultándote y reprendiéndote por tus defectos que percibes?

Piensa en las palabras que te dices a ti misma en esas situaciones. ¿Le dirías esas mismas palabras a un amigo, a un familiar o incluso a un desconocido cuando ya están deprimidos? ¿Estaría bien hablar a los demás de esta manera?

Lo más probable es que, si eres sincera contigo misma, la respuesta sea un fácil NO. No está bien hablarles a los demás de la manera en la que te hablas a ti misma cuando estás disgustada. Si les hablas a los demás como te hablas a ti misma, no tendrías muchos amigos. La gente pensaría que eres mezquina, abusiva o una matona.

Y sin embargo, de alguna manera, sientes que está bien hablarte a ti misma así. Este tipo de autoconversaciones muestra un gran desprecio por ti misma y refuerza tu creencia de que no eres digna, o que no mereces amor. Esto no es precisamente una buena base para mostrarte amor.

En vez de castigarte a ti misma la próxima vez que sientas miedo o dudas, ¿qué pasaría si recurrieras a tu Superpoder Interno de las palabras para darte amor y apoyo? Una forma de demostrarte amor a ti misma es desafiarte para tratarte con el mismo nivel de consideración, amabilidad y respeto que le muestras a la persona que más quieres.

Si no te imaginas diciéndole alguna palabra a esa persona, evita decírtela a ti misma. Si te hace sentir bien usar estas palabras con esa persona, empieza a usar esas palabras para ti. Puedes elegir filtros de palabras positivas como:

- "Cálmate. Respira. Si puedes".

- "Creo en ti".
- "Todo saldrá bien".
- "Vamos a ver cómo resolver este problema".
- "¡Puedes hacerlo!"

También puedes entrar en tu Estudio y practicar la resolución de cualquier problema al que te enfrentes con valor, confianza y seguridad en ti misma. Utiliza tu imaginación para verte vívidamente conquistando tus problemas de varias maneras creativas.

Cuando practicas la confianza en ti misma y en tus capacidades, tu confianza se dispara. Te resultará más fácil enfrentarte a tus problemas y seguir tus sueños con valentía. Lo que sientes por ti misma y las palabras que utilizas cuando te hablas, se vuelven altamente positivas.

Con la práctica, te resultará más fácil priorizarte a ti misma y a tus necesidades. Tu mente subconsciente te ayudará a alcanzar tus sueños ayudándote a centrarte en tus aspectos importantes. Puedes practicar el amor propio perdonándote a ti misma y aceptando tus defectos mientras te permites ver lo mejor de ti.

Cuando te muestras a ti misma ese tipo de amor, apoyo y ánimo, ¿qué sientes? ¿Qué podrías hacer de forma diferente?

Además de mostrarte amor en los momentos que sientes miedo y duda, ¿qué pasaría si te mostraras amor a diario eligiendo actividades que te relajen, te inspiren y te recarguen? Cuando tomas la decisión consciente de nutrir tu cuerpo, tu corazón y tu espíritu, dejas muy poco espacio para el miedo y la duda. Si te sientes bien contigo misma y ves tus defectos o fracasos como oportunidades de crecimiento, ¿qué hay que temer?

> **RECUERDA:** *Cuando te tratas a ti misma como una persona que merece amor, amabilidad y respeto, estás mostrando a los demás cómo tratarte.*

Realizar actividades de cuidado personal a diario te ayuda a liberar el estrés, te da más energía y te ayuda a verte y sentirte lo mejor posible para que puedas estar contenta contigo y con tu vida.

Recuerda incluir algunas actividades de cuidado personal que quizá no te parezcan muy divertidas, pero que sabes que son importantes para tu salud y felicidad en general, como comer sano.

Autorreflexión

Dedica unos minutos a responder a estas preguntas y a proponer ejemplos para lo siguiente:

1. Al principio del capítulo, creaste una lista de personas que quieres. ¿Lograste entrar en tu propia lista? ¿Cómo te sentiste cuando descubriste que mostrarte amor a ti misma es tan importante como mostrar amor a cualquier otra persona?

_____
_____
_____
_____

2. Piensa en un momento en el que te hayas sentido molesta o decepcionada contigo misma y hayas utilizado palabras duras y dañinas al hablar contigo. ¿Qué palabras usaste? ¿Qué insultos te dijiste a ti misma?

_____
_____
_____
_____
_____

3. ¿Cómo te hicieron sentir esas palabras e insultos?

_____
_____
_____
_____

4. ¿Cuál fue el resultado de esa situación? ¿Se resolvió, o aún persiste para ti?

_____
_____
_____
_____
_____
_____

5. Ahora, piensa de nuevo en esa misma situación; esta vez, con amor y amabilidad. Imagina tus pensamientos y tu conversación contigo misma a través de estos filtros de palabras. ¿Qué palabras elegiste para hablarte esta vez?

_____
_____
_____
_____
_____
_____

6. ¿Estas palabras te hacen sentir de forma diferente?

_____
_____
_____
_____
_____
_____
_____
_____
_____

7. ¿Cómo crees que habría mejorado el resultado si te hubieras dirigido a ti misma con estas palabras cuando te encontraste por primera vez con este problema?

_____
_____
_____
_____
_____
_____
_____
_____
_____
_____
_____
_____

8. Enumera dos o tres cosas que haces actualmente de forma constante para demostrarte a ti misma que te quieres. No es necesario que sean grandes gestos ni que requieran mucho tiempo. Utilizar palabras positivas y cariñosas al hablar contigo misma y permitirte aprender cuando se cometen errores, son algunos buenos ejemplos.

_____
_____
_____
_____
_____
_____
_____

9. Crea una lista de diez cosas que podrías hacer para demostrarte amor en el futuro. Recuerda que incluso las pequeñas cosas que haces que son buenas para ti o que te permiten sentirte especial son geniales. Cualquier cosa cuenta aquí, no importa lo pequeña o grande que sea, siempre y cuando te estés mostrando amor en el proceso.

Ejemplo: Come una manzana en lugar de una bolsa de patatas fritas, da un paseo de veinte minutos después de cenar, escucha música, juega con tu perro, cómprate algo bonito, practica filtros de palabras positivas, y medita.

_____
_____
_____

_____
_____
_____
_____
_____

10. Ahora que eres consciente del Superpoder Interno del Amor, ¿estás dispuesta a empezar a mostrarte amor diariamente? Haz ese compromiso contigo misma ahora. Puedes colocar una nota adhesiva junto a tu teléfono o tu mesita de noche como recordatorio diario para realizar esta actividad vital de autocuidado. Incluso puedes llevar un anillo especial u otro accesorio que te guste, como símbolo de tu compromiso de mostrarte amor cada día.

CAPÍTULO 8

El poder de la perseverancia

Todos tenemos planes que no salen como esperamos, sueños que se desmoronan y cambios que escapan a nuestro control. Los contratiempos, los cambios y los obstáculos forman parte de la vida, una parte que nadie puede evitar por completo.

¿Cómo es posible que algunas personas se enfrenten a estas situaciones difíciles y siempre cambiantes y salgan adelante, mientras que otras se desmoronan ante la más mínima mención de tales desafíos? ¿Cuál es su secreto? ¿Cómo siguen avanzando cuando otros simplemente quieren rendirse cuando la presión aumenta?

El ingrediente secreto de las personas que siguen adelante cuando las cosas se ponen difíciles es la perseverancia. Algunas personas han nacido con la capacidad de perseverar y pueden superar incluso las situaciones más difíciles con aparente facilidad.

La perseverancia se define como "una persistencia constante en un curso de acción, un propósito, un estado, etc., especialmente a pesar de las dificultades, los obstáculos o el desánimo".[8] La forma de afrontar los constantes acontecimientos imprevisibles de nuestra vida depende en gran medida de nuestra actitud, nuestro sistema de creencias y nuestro compromiso con nosotros mismos.

Puede que la perseverancia no sea algo que te resulte natural, y que la idea de superar las dificultades te suene francamente aterradora o incluso imposible en estos momentos. Afortunadamente para ti, la perseverancia, como todos los demás Superpoderes Internos, se puede aprender y fortalecer con la práctica.

Tener perseverancia puede significar la diferencia entre convertir tus problemas en oportunidades o permitir que tu miedo y tus juicios te causen ansiedad y te mantengan estancada. Teniendo en cuenta que a una persona promedio se le plantean retos inesperados todos los días, saber cómo afrontar estas situaciones de forma positiva te ayudará a avanzar en lugar de quedarte estancada.

La forma en que veas estos acontecimientos tendrá un impacto significativo en tu calidad de vida. En lugar de ver los desafíos como desastres y estar llena de miedo o autocompasión, ¿qué pasaría si los reconocieras como oportunidades de crecimiento? ¿Cómo sería tu vida si utilizaras estos retos como trampolines hacia un éxito y una felicidad aún mayores para ti?

Por qué la perseverancia es un Superpoder

¿Sabías que has perseverado en muchas situaciones difíciles a lo largo de tu vida? ¿Sabías también que la

---

[8] "Perseverance." Merriam-Webster.com. 2017. https://www.merriam-webster.com (7 November 2017).

perseverancia es en realidad una parte muy natural de tu persona? ¿No me crees? Deja que te lo explique. Cuando eras una bebé, no entendías cómo alimentarte. Las primeras veces que intentaste alimentarte con comida sólida, hiciste un completo desastre. Probablemente la comida terminó en tus mejillas, el mentón, la nariz y el suelo con más frecuencia que en la boca. Pero no te detuviste, ¿verdad? Seguiste avanzando y ¡mírate! Te alimentas sin esfuerzo y, sobre todo, te llevas la comida a la boca y no al suelo como antes.

También están las veces que intentaste aprender a caminar. ¿Cuántas veces te esforzaste por ponerte de pie, para luego volver a caer antes de dar tu primer paso? Tampoco te rendiste entonces, ¿verdad? Perseveraste.

Se podrían escribir varios capítulos, o incluso uno o dos libros, sobre todas las cosas que has superado que te han permitido ser una persona mejor y más fuerte. Lo haces a diario, sin darte cuenta de ello la mayoría de las veces.

¿Cómo sería tu vida ahora si a los once meses hubieras decidido que caminar era demasiado difícil y que tenías demasiado miedo de caerte y volver a lastimarte? Lo más probable es que la libertad de movimiento de la que ahora disfrutas y das por sentada como parte natural de tu ser no estaría disponible para ti.

Sé que este ejemplo puede parecer ridículo al principio, pero esta situación no es muy diferente de los retos a los que puedes enfrentarte ahora mismo. Piensa en ello. A los once meses, caminar era una tarea muy difícil y abrumadora. Tus músculos no estaban completamente desarrollados, ni eran lo suficientemente fuertes como para soportar tu peso sin esfuerzo. Apenas estabas aprendiendo a controlar tu motricidad.

La tarea de controlar tu cuerpo, que ahora es automática para ti, requería mucha concentración y esfuerzo por tu parte a los once meses. El simple hecho de levantarte del suelo te exigía un esfuerzo tremendo. Al principio, cada vez que te levantabas, volvías a caer.

Pero persistías.

Y no olvides los innumerables obstáculos -las sillas, la mesa de centro, el suelo resbaladizo- que hacían que caminar fuera un reto. Pero cada vez que te caías, te levantabas y lo volvías a intentar. Estabas decidida a dominarlo y, al final, lo conseguiste.

Al principio, sólo podías dar un paso o dos antes de volver a caer. Pero mantuviste el ritmo. Pronto, tus pasos se volvieron sólidos, y rápidamente evolucionaron para caminar distancias más largas. Al final, incluso aprendiste a correr.

Puede que te rías de este ejemplo; pero ese es el poder de tu perseverancia. Si hubieras renunciado a los once meses, tu vida habría sido muy diferente y, en este ejemplo extremo, estaría llena de retos significativos.

La perseverancia no sólo te ayuda a alcanzar tus objetivos y a aumentar tu confianza y autoestima, sino que cuando perseveras, te vuelves más sana mentalmente.

Dedica un momento a pensar en cómo te afectó un cambio, un reto o un contratiempo que te esforzaste por evitar. ¿Cómo fue esa experiencia? ¿Pensaste tanto en ello que te sentías frecuentemente preocupada, tensa o irritable? Cuando centrabas tanta atención en lo que querías evitar, ¿tenías la capacidad mental de relajarte y disfrutar? ¿Te sentías tan ansiosa que te resultaba difícil concentrarte o dormir bien? ¿Qué hay de tus relaciones? ¿Cómo se veían afectadas cuando estabas llena de estrés? ¿En qué medida estabas satisfecha con tu vida en ese momento?

Centrarse tanto en el problema o en lo que va mal en tu vida causa estragos en tu salud mental. Cuando te centras en el momento presente y en tus fortalezas, tu estrés disminuye y tu salud mental mejora.

No estoy diciendo que una vez que hayas decidido perseverar, todo encontrará mágicamente su lugar y se volverá fácil. Tendrás que seguir trabajando para crear los cambios que deseas y parte del trabajo podría ser aburrido o difícil para ti.

Sin embargo, cuando te enfrentas a tu miedo y trabajas para superar tu problema, tu actitud al respecto cambia. Recuerda que tu mente subconsciente siempre está buscando la siguiente orden tuya y hará todo lo posible para darte la experiencia que pides.

Cuando pienses en una situación como abrumadora o como algo que da miedo y de lo que hay que huir, tu mente subconsciente escaneará tu entorno y se centrará en todos los detalles que puedan reforzar tus sentimientos de agobio y miedo. Esto hará que la situación parezca aún más intimidante.

¿En qué experiencias te ayudaría tu mente subconsciente a centrarte cuando piensas en la misma situación con una actitud de "¡No tengo ni idea de cómo resolver esto, pero estoy decidida a solucionarlo!"? En este caso, tu mente subconsciente centraría tu atención en las formas de resolver tu problema. En lugar de traer a tu conciencia sólo desafíos u obstáculos, tu mente subconsciente comienza a mostrarte las opciones disponibles. Cuando empiezas a ver soluciones y posibilidades, tu nivel de estrés disminuye y tu confianza aumenta.

La perseverancia te ayuda a centrarte en el panorama general mientras te mantienes en el momento presente. Recuerda que el miedo se basa en tus pensamientos sobre el pasado o el futuro. Estar presente te ayuda a liberar el miedo y las dudas. Así podrás relajarte y centrarte en tus puntos fuertes, idear soluciones creativas y estar abierta a nuevas oportunidades y aceptarlas.

Las cosas que te estresaban y te causaban problemas en el pasado ya no tienen por qué serlo. Pueden ser una gran oportunidad de crecimiento si lo permites.

> **RECUERDA:** *La vida seguirá siendo impredecible y desafiante. La forma en que respondas a ella determinará tu resultado y tu satisfacción con la vida.*

Cómo conquistar el miedo y las dudas sobre uno mismo utilizando el poder de la perseverancia

La buena noticia es que aprovechar tu Superpoder Interno de la Perseverancia es más fácil de lo que crees. De hecho, si has leído los capítulos de este libro en orden, ya sabes todo lo que necesitas saber para perseverar.

Puedes cultivar un fuerte sentido de perseverancia sólo con el poder de las palabras. Sin embargo, cuando incorporas todos los Superpoderes Internos que has aprendido, esta tarea se vuelve mucho más fácil. Todo lo que tienes que hacer es practicar lo que has aprendido hasta ahora y tendrás éxito.

Durante los próximos minutos, piensa en un obstáculo que estés enfrentando y que parezca difícil de superar. Presta atención a los pensamientos que tienes y a cómo te hacen sentir. Piensa en todas las razones que te has dicho a ti misma por las que este obstáculo es tan difícil de resolver.

Tal vez has intentado resolverlo varias veces, pero no lo has conseguido. O tal vez no has intentado abordar este problema todavía porque tu miedo y tus dudas son demasiado grandes. Cualquiera que sea la razón, ¿puedes notar que tal vez, tu incapacidad para resolver este problema proviene de una falta de confianza en ti misma que te impidió dar el siguiente paso de acción y seguir adelante?

Desbloquear tu Superpoder Interno de la perseverancia comienza con una mentalidad poderosa de "creo en mí misma. Sé que puedo manejar cualquier cosa que se me presente".

Pero, ¿y si no crees en ti misma y dudas de tu capacidad para manejar situaciones difíciles? No pasa nada. Aunque todavía no creas del todo en ti misma, debes saber que si decides aprovechar tus Superpoderes Internos, podrás aumentar la confianza en ti misma.

Dado que una mentalidad poderosa es la base de la perseverancia y del logro de cualquier objetivo, puedes empezar por aprovechar tu Superpoder Interno de las Palabras y elegir filtros de palabras que te fortalezcan. La forma en que piensas, sientes y actúas es el resultado directo de los filtros de palabras que eliges.

Da un paso atrás y mira el panorama completo. Examina los filtros de palabras que has estado utilizando cuando piensas en la situación. ¿Cómo puedes cambiar esas palabras para neutralizarlas y hacer que no sean una amenaza para ti?

Presta atención a cómo te has estado juzgando a ti misma y a las personas implicadas. ¿No te parece pesado y agobiante llevar esos sentimientos contigo? Puedes liberar ese peso innecesario y darte un nuevo comienzo recurriendo a tu Superpoder Interno del Perdón.

Perdónate por las cosas que hayas hecho (y las que podrías haber hecho pero no hiciste) que crees que han contribuido a esta situación. Esas cosas están en el pasado y puedes elegir un camino diferente para avanzar. También puedes elegir perdonar a los demás y liberarte de ese viejo vínculo con ellos que te retenía.

Examina los filtros de palabras que has estado utilizando cuando piensas en ti misma y en tus habilidades. Si has estado utilizando filtros de palabras que te hacen pedazos, puedes dejar de hacerlo ahora. En su lugar, empieza a centrarte en tus puntos fuertes y en las cosas que se te dan bien, aunque no estén relacionadas con este desafío en particular.

Sé amable contigo misma utilizando filtros de palabras que aumenten tu confianza, tu autoestima y tu seguridad en ti misma. Aprovecha tu Superpoder Interno del Amor y haz cosas que te relajen, te den energía o te motiven a dar lo mejor de ti. Recuerda incorporar el Superpoder Interno de tu Cuerpo en tu vida diaria. La forma en que te presentas influirá en gran medida en cómo te sientes con respecto a ti misma y a la situación. Practica mantener tu cuerpo en posiciones fuertes y abiertas para aumentar tu confianza.

Para perseverar, también necesitas conocer tu objetivo. Tal vez no tengas el resultado exacto en mente y eso está bien. Todavía puedes dar el siguiente paso si sabes la dirección que quieres tomar y tienes un hito o dos en mente.

Vuelve a mirar el obstáculo. ¿Qué resultados quieres crear? ¿Coinciden estos resultados con tus valores o con lo que es importante para ti? ¿Te sientes bien cuando piensas en lograr esos resultados? Crea un plan para superar tus obstáculos y transformarlos en oportunidades de crecimiento. Aprovecha tus Superpoderes Internos de Valentía e Imaginación y practica alcanzar tu objetivo con facilidad.

Recuerda que puedes practicar cualquiera de estos pasos en la seguridad de tu Estudio hasta que te sientas bien con ellos.

RECUERDA: *Cuando te centras en tus puntos fuertes y das pequeños pasos constantes hacia tus objetivos, aumentas tu confianza, y tu capacidad de perseverar se hace más fuerte cada día.*

Ya sabes cómo perseverar. Lo has estado haciendo desde que eras un bebé. Todo lo que tienes que hacer es poner un pie delante del otro, un paso de bebé a la vez, y te estirarás y crecerás de maneras que no podrías haber predicho o imaginado.

Nota: *Para obtener una guía paso a paso sobre cómo crear objetivos y alcanzarlos con facilidad utilizando tus Superpoderes Internos, asegúrate de leer y completar los ejercicios del libro de trabajo complementario.*

Autorreflexión

Dedica unos minutos a responder a estas preguntas y a proponer ejemplos para lo siguiente:

1. Antes de leer este capítulo, ¿sabías que la perseverancia es una parte muy natural de quién eres y que has perseverado en muchas situaciones difíciles? ¿En qué te hace sentir diferente sobre ti misma el saber eso?

_____
_____
_____
_____
_____

2. Piensa en una ocasión en la que te hayas enfrentado a una situación difícil y te hayas rendido. ¿Qué filtros de palabras utilizaste? ¿Cómo te frenaron?

_____
_____
_____
_____
_____
_____
_____
_____

3. Mira los filtros de palabras que escribiste para la segunda pregunta. ¿Cómo puedes cambiar esas palabras para neutralizarlas y hacer que no sean una amenaza para ti?

_____
_____
_____
_____
_____
_____

4. Piensa en tres casos en los que hayas perseverado a pesar de los desafíos. Escribe los detalles pertinentes.

_____
_____
_____
_____
_____
_____
_____
_____
_____
_____
_____
_____
_____
_____
_____
_____
_____
_____

5. Examina los tres escenarios que has anotado. ¿Qué cualidades o fortalezas adoptaste que te permitieron seguir adelante? ¿Qué filtros de palabras utilizaste? Anótalos. Estas cualidades y fortalezas te ayudarán a perseverar en futuras situaciones.

_____
_____
_____
_____
_____
_____
_____
_____
_____
_____
_____
_____
_____
_____
_____
_____
_____
_____
_____
_____
_____
_____
_____

EXTRA: Cinco sencillos pasos para liberar tus emociones no deseadas

Paso 1: Identifica tus sentimientos

Para tomar el control de tus sentimientos, primero debes ser capaz de identificarlos. ¿Te sientes triste, decepcionada, irritada o enfadada? ¿Quizás te sientes insegura, preocupada o ansiosa? Sé tan específica como puedas con tu sentimiento único y evita generalizarlo todo como "enfadada", "triste" o "malo". En lugar de decir "malo", sé específico. ¿Estás asustada, herida, decepcionada o irritada? Para este ejemplo, digamos que te sientes asustada.

Paso 2: Califica tu sentimiento

Una vez que hayas identificado tu sentimiento, califícalo en una escala del 0 al 10, siendo el 10 el más fuerte. Por ejemplo: "Me siento asustada, y tiene la calificación de 8 sobre 10 (lo que muestra que te sientes asustada entre moderadamente o severamente)".

Paso 3: Localiza tu sentimiento

A continuación, identifica en qué parte de tu cuerpo sientes físicamente este sentimiento. Por ejemplo: "Me siento asustada y noto esa sensación en el estómago".

Paso 4: Identifica tu sensación física

Presta atención a cómo responde tu cuerpo y describe la sensación que notas. Tal vez sientas cierta opresión, pesadez o dolor. Tal vez sea un dolor sordo o una sensación de ardor. Tal vez te resulte difícil respirar o sientas un nudo en la garganta. Por ejemplo: "Me siento asustada. Tiene una calificación de 8/10 y se siente como un dolor agudo en el estómago".

Paso 5: Liberar tu sentimiento negativo

Tu respiración es poderosa y puede ayudarte a soltar tus emociones negativas rápidamente. Utilicemos el ejemplo de "Me siento asustada. Tiene una calificación de 8/10, y se siente como un dolor agudo en mi estómago", para demostrar cómo liberar tu emoción con tu respiración.

Empieza por cerrar los ojos y, por un momento, permítete sentir el dolor agudo en el estómago. Nota lo incómodo que es ese dolor agudo. Nota el cómo ese dolor agudo te impide tener un buen día.

A continuación, inspira lenta y deliberadamente mientras cuentas del uno al cuatro. Mientras cuentas lentamente, imagina que estás recogiendo el dolor agudo con tu respiración. A continuación, mantén la respiración mientras cuentas hasta cuatro para contener tu emoción. Finalmente, elige deliberadamente liberar el dolor con tu exhalación. Exhala con fuerza, dejando que el dolor se vaya a medida que el aire abandona tu cuerpo. Vuelve a inspirar lenta y profundamente e imagínate recogiendo aún más dolor. Aguanta la respiración una vez más hasta contar cuatro y, de nuevo, libera el dolor exhalando aún más profundamente y con más fuerza que antes.

Después de dos respiraciones profundas y deliberadas, deja que tu respiración se vuelva lenta y natural. Con cada respiración lenta que des, imagínate recogiendo más dolor. Con cada exhalación lenta, elige liberar el dolor.

Mientras continúas respirando lentamente, recogiendo y liberando tu emoción negativa, date estas órdenes, "Elijo dejar que este dolor (inserta tu sentimiento negativo aquí) se vaya. Me siento bien al dejar ir este dolor (tu sentimiento negativo). Me merezco dejar ir este dolor (tu sentimiento negativo). Merezco ser libre (o una emoción positiva diferente de tu elección)".

Después de un minuto más o menos, vuelve a evaluar tus sentimientos. ¿Cómo te sientes ahora? ¿Sigue existiendo ese viejo sentimiento, ha cambiado a un sentimiento diferente, o sigue siendo el mismo sentimiento, pero con mucha menos intensidad? Quizás ahora sea un dos en lugar de un ocho. Puede que incluso te sorprendas gratamente al ver que esa antigua sensación simplemente ha desaparecido.

Si todavía tienes alguna sensación negativa, señala su ubicación y califícala de nuevo. A continuación, vuelve a respirar profundamente dos o tres veces como antes, recogiendo y liberando las emociones negativas mientras lo haces. Continúa este ejercicio hasta que ya no sientas la sensación negativa. Tu objetivo es liberarte del sentimiento negativo y tomar el control de tus emociones. Al principio, puede que te lleve varios minutos. Sin embargo, cuanto más practiques, más rápido y fácil te resultará.

Puedes utilizar este ejercicio para liberar cualquier emoción no deseada, independientemente de su origen, en cualquier momento que desees.

Agradecimientos

Me gustaría expresar un sincero agradecimiento a mi mejor amigo y marido, Joseph Wolfgram. Sin su amor, sus interminables horas de revisión y su apoyo; este libro no habría sido posible. Gracias por escucharme pacientemente hablar de este libro sin parar.

A mi hijo, Alan Letran, gracias por ser mi mayor maestro de vida y una fuente de amor infinita.

A mi familia, gracias por creer en mí y animarme. Significa mucho para mí tener vuestro amor y apoyo.

A todos mis clientes, maestros y mentores, ya sea en una relación profesional o en experiencias de vida, un gran agradecimiento por formar parte de mi vida. Vuestra presencia en mi vida me ha ayudado a crecer y a transformarme de una niña asustada en una mujer segura, sana y feliz.

Por último, pero no menos importante, me gustaría expresar mi gratitud a mis increíbles lectores beta: Ingrid Abild-Pedersen, Candice Betty, Jacqueline Corley, Ricci DePass, Sally Guyatt, Theresa Hartman, Cristy Mosher, Joan Norton, Kaye A. Peters, Christina Raines, Mercedes Silver y Lesa Smith. Les agradezco mucho. Sus comentarios son inestimables y han hecho que este libro sea aún más aplicable y agradable para los lectores.

Sobre el autor

 Jacqui Letran es una autora galardonada, enfermera practicante y experta en confianza para adolescentes con más de 20 años de experiencia guiando a los jóvenes hacia una salud física y mental óptima.

Su serie de libros, Words of Wisdom for Teens (Palabras de Sabiduría para Adolescentes), ha sido galardonada con diechiocho premios y está considerada como una colección de libros de lectura obligatoria para adolescentes y jóvenes que luchan contra la baja autoestima, la ansiedad o la depresión.

A través de sus escritos, sesiones con clientes y conferencias magistrales, Jacqui enseña que el éxito y la felicidad son alcanzables para todos, independientemente de las luchas y circunstancias actuales. Jacqui es una líder talentosa y enérgica que dedica el trabajo de su vida a ayudar a los adolescentes a crear una mentalidad poderosa y resistente para ser felices y exitosos en la vida.

Una ávida aventurera, Jacqui pasa la mayor parte del año explorando los Estados Unidos en su autocaravana con su marido, 5 gatos y un perro. Cuando no está viajando, Jacqui puede ser encontrada tomando el sol y sonriendo en Dunedin, Florida.

Otros libros de Jacqui Letran
www.JacquiLetran.com